Heugl · Tonis
Naturerlebnis Salzburg

Christian Heugl · Wolfgang Tonis

Naturerlebnis Salzburg

Die schönsten Wanderungen

Mit naturkundlichen Hinweisen von
Gottfried Tichy und Roman Türk

NP
BUCHVERLAG

Dieser Wanderführer wurde mit größtmöglicher Sorgfalt und Genauigkeit zusammengestellt. Die Begehung sämtlicher Routen erfolgt jedoch auf eigene Gefahr und Verantwortung! Weder die Verfasser noch der Verlag können daher irgendwelche Haftungen übernehmen.

Bildnachweis: Christian Heugl: Seite 10, 14, 15, 19 (2x), 24, 27, 32, 34, 38 o, 40, 44, 46, 48 (2x), 50, 53, 54, 56 o, 58, 67, 68, 69, 71, 72, 73, 78, 86 (2x), 87 (2x), 91, 93, 96, 98, 99, 109, 110, 115, 118, 123, 125, 134, 137 o, 143 (2x), 145, 148, 149, 153, 161 u, 163
Wolfgang Tonis: Umschlag Rückseite, Seite 29, 36, 59, 62, 63, 64, 82, 83, 94, 95, 102, 113, 119 o,126, 128, 130, 131, 132 u, 137 u, 139, 140 (2x), 156, 157, 158
Roman Türk: Umschlag Rückseite, Seite 13, 17, 20, 23 (2 x), 33, 38 u, 56 u, 74, 79, 84, 88, 90, 92 (2x), 100 u, 103 u, 119 u, 122, 132 o, 144, 146, 154, 162
Gottfried Tichy: Seite 77
Josef Limberger: Seite 100 o, 141, 150
Ferdinand Rieder, Nationalpark Hohe Tauern (Umschlagmotiv vorne)
Sammlung Helmut Flesar: Seite 25
Franz Pühringer: Seite 106

Der Verlag dankt dem Naturschutzbund Salzburg für seine Unterstützung.

Naturschutzbund
Salzburg

Deutsche Bibliothek – CIP-Einheitsaufnahme
Heugl, Christian: Naturerlebnis Salzburg: die schönsten Wanderungen / Christian Heugl; Wolfgang Tonis. Mit naturkundlichen Hinweisen von Gottfried Tichy und Roman Türk. - 1. Aufl. - St. Pölten ; Wien ; Linz : NP-Buchverl., 2002
ISBN 3-85326-519-7

Layout und Einbandgestaltung: Werbebüro Linecker, Sieglinde Füreder, Ottensheim
Kartographie: Arbeitsgemeinschaft Kartografie, St. Georgen am Steinfelde
Herstellung: Niederösterreichisches Pressehaus
Druck- und Verlagsges. mbH.
Gutenbergstraße 12
3100 St. Pölten

ISBN 3-85326-519-7

Inhaltsverzeichnis

VORWORT

An den Bergen im Salzburger Land führt so schnell kein Weg vorbei. Nicht nur in den Gebirgsgauen, auch im Flachland und selbst in der Landeshauptstadt geben die Berge den Ton an.
Als wir vor einiger Zeit einen wunderbaren Spätherbstspaziergang von Parsch entlang der alten Zahnradbahntrasse unternahmen und uns hoch über der Stadt Salzburg an unsere ersten Skierlebnisse auf den Gaisberghängen erinnerten, fiel uns plötzlich auf, was uns „Berge gibt". Damals, in unserer Kindheit, lösten Ski-Tageskarten noch keinen Maximierungsstress aus, zwei, maximal drei Bergfahrten mit dem Sessellift deckten das Tagespensum ab. Das heißt, ausgefüllt wurde die Zeit hauptsächlich mit Schauen und Genießen. Die Zeit in den Bergen war kostbar und es gab so viel zu entdecken und zu erfragen.
Unser Wanderbuch – und unsere weit über 500 Wandertipps in den Salzburger Nachrichten – wollen ein wenig zu jener Langsamkeit zurückführen und die Augen öffnen für die vielen großen und kleinen Wunder, die zum Be-greifen nahe entlang der Wege liegen. Denn schließlich können wir ja nur schützen, was wir auch wirklich kennen.

Christian Heugl / Wolfgang Tonis

Die meisten Wanderungen verlaufen auf gut instandgehaltenen und markierten Wegen und Steigen. Sie sind in drei Kategorien geordnet:

Leichte und nur wenig anstrengende Wanderungen im Tal- und Almgebiet; auch für jüngere Kinder gut geeignet.

Wanderungen in Bergregionen, welche zwar keine hohen Anforderungen stellen, wo aber wegen einzelner exponierter Stellen Vorsicht geboten ist.

Bergtouren, welche Trittsicherheit, Schwindelfreiheit und Ausdauer voraussetzen. Sie weisen vielfach steile, exponierte Steige auf, bei denen manchmal auch die Zuhilfenahme der Hände erforderlich ist.

1. BUCHBERG UND SCHLEEDORF
Spiel am Berg

Der Naturpark Buchberg ist ein beliebtes Ausflugsziel für die ganze Familie. Schon weniger bekannt sind die Egelseen, das Schaudorf Schleedorf und die Tiefsteinklamm, zu der eine lange Variante für konditionsstarke Geher führt.

ROUTE 1 (BUCHBERG-RUNDE): Mattsee (Weyerbucht)–Gaisberg (Weg Nr. 3)–Buchberg–Gasthof Alpenblick (Weg 2)–Mattsee.

ROUTE 2 (VARIANTE SCHLEEDORF): Mattsee–Buchberg–Egelseen–Schleedorf–Tiefsteinklamm–Haltestelle.

Anfahrt: Über Obertrum oder Schleedorf in den Ort Mattsee auf den „Parkplatz Weyerbucht". Dort befindet sich auch die Bushaltestelle (Kurs 3027, 3031).

Gehzeit: 2,5 Stunden (Route 1), 4 Stunden (Route 2).

Höhenunterschied: 300 Meter (Route 1 und 2). Ideale Familienwanderung, Route 2 erfordert Ausdauer.

Karte: f & b WK 391.

Einkehr: In Mattsee und Schleedorf. Gasthof Alpenblick am Buchberg.

Was uns die letzte Eiszeit vor 10.000 Jahren an Ausschürfungen und sanften Erhebungen im Alpenvorland hinterlassen hat, gilt als ideales Wanderareal besonders dann, wenn sich winterliches Weiß in den höheren Bergregionen bemerkbar macht. Einen besonderen landschaftlichen Höhepunkt schuf der eiszeitliche Gletscherrand mit dem **Naturpark Buchberg**, der auf 40 Wanderkilometern für jeden etwas bietet. Der 800 Meter hohe **Buchberg** ist der Mittelpunkt des ausgedehnten Wegenetzes und deckt mit seinem „bespielbaren" Gipfelbereich auch die Bedürfnisse der Kinder ab. Für die konditionsstarken Geher befinden sich Richtung Südosten mit den Egelseen, dem „Schaudorf" Schleedorf und der Tiefsteinklamm noch so viele Attraktionen, dass dieser Umweg eine zwar lange, aber lohnende Variante ergibt, die mit öffentlichen Verkehrmitteln zu bewerkstelligen ist. Auch die Mountainbiker kommen rund um den Buchberg auf ihre Rechnung: Im Gebiet zwischen Mattsee und Wallersee gibt es entlang der Wanderroute eine Unzahl verkehrsfreier oder -beruhigter Verbindungswege, die sich für genussvolles „durch die Landschaft Gleiten" eignen.

Auch in der nächsten Umgebung des Marktes Mattsee gibt es viele attraktive Ziele, wie beispielsweise die wasservogelreiche Weyerbucht. Was wahrscheinlich die Kinder mehr interessiert, sind der Spielplatz und ein anschauliches Bajuwarendorf mit Kleinvieh rund um die originalgetreuen Holzbauten. Auffallend ist im Hintergrund auch der **Mattseer Schlossberg**, denn er ist gemeinsam mit dem 700 Meter langen und 80 bis 100 Meter breiten **Wartstein** eine herausragende Erscheinung. Diese fossilreiche Felsrippe gehört, im Gegensatz zur hügeligen Endmoränenlandschaft, in die geologische Zone des Helvetikums. Wartberg und Schlossberg sind damit die letzten Ausläufer unserer Alpenkette. Rund um und über diesen „Härtling", der allen eiszeitlichen Gletschern trotzte, führt der gut einstündige „Millenniumsweg". Die „Überquerung der Alpen" in einer Stunde: Der Mattseer Schlossberg macht's möglich und empfiehlt sich als Tour bei weniger idealen Verhältnissen!

Am Mattseer Schlossberg.

Ein Informationsrondell am Marktplatz gibt Auskunft über den Routenverlauf und die 13 Themenschwerpunkte.

Vom Schlossberg in Mattsee kann man drei **geologische Zonen** überblicken. Im Norden wird das Gebiet um den Grabensee und das nördliche Ufer des Mattsees (Niedertrumersees) aus Gesteinen der Molassezone gebildet. Es handelt sich um Schlier, einer Ablagerung in seichten Meeresgebieten, bestehend aus Sanden, Sandstein und Tonmergel.
Über diesen Schlier wurden im Laufe der Gebirgsbildung die Gesteine der Helvetischen Zone aufgeschoben, die den Bereich um die Ortschaft Mattsee und das südliche Ufer des Mattsees bilden. Der Schlossberg selbst setzt sich aus Nummulithensandstein zusammen.
Auf diese Sedimente der Helvetischen Zone haben sich die Decken der Flyschzone geschoben. Am Tannberg wie auch am Buchberg sind Ober- und Unterkreideflysch „aufgeschlossen", das heißt sichtbar. Diese Flysch-Gesteine wurden vor mehr als 65 Millionen Jahren in einem tiefen Meerestrog abgelagert.

Die **Trumerseen** stellen eine Seenkette dar, die gegen Ende der Eiszeit noch zusammenhing und auch eine größere Ausdehnung aufwies, wie man aus der Seetonablagerung weiß. Zeugen für diesen großen See, der sich in 515 Metern Höhe befand, findet man in den Deltaschottern südlich von Obertrum und in den Seetonen am Nordende des **Niedertrumersees**. Erst nach weiteren Absenkungen bildeten sich drei voneinander getrennte Seen. Die Seen verdanken ihre Entstehung einerseits einer so genannten Blattverschiebung, einer Verschiebung der Erdkruste längs einer Störung, die durch den **Obertrumersee** ging. Andererseits spielte die ausschürfende Wirkung des Salzachgletschers und die abdichtende Wirkung der Grundmoräne eine Rolle.
Der Obertrumer See ist vom Niedertrumer See durch einen Moränenrücken getrennt. Nur ein schmaler Kanal verbindet beide miteinander.
Vom Schlossberg aus sieht man im Westen bei Schwandt, im Nordwesten bei Berndorf und im Norden bei Weikertsham,

Bergham und Hinterwiesen die Endmoränen des würmeiszeitlichen Gletschers.
Aus der dazwischen liegenden Grundmoränenlandschaft haben die Eismassen so genannte Drumlins geformt. Diese walartigen Rücken liegen in Richtung des damals strömenden Eises, in unsere Fall war das in Richtung Nordwesten. Auf ihrer Luvseite, also der dem Eis zugewandten Seite, sind sie viel flacher als auf der Leeseite.

Route 1 – Die Buchbergrunde

Ein günstiger Ausgangspunkt, vor allem für Kinder, ist die **Weyerbucht**. Die Wanderung auf den **Buchberg** führt von der Weyerbucht zur nahen Volksschule, wo sich der Weg in die Routen 2 und 3 gabelt. Route 3 ist die steilere Wald- und Wiesenweg-Variante und führt über den Weiler Gaisberg rasch in die Höhe. Allerdings bietet nicht der baumbestandene, 801 Meter hohe Gipfel die beste Aussicht auf die Alpenkette, sondern das etwas unterhalb, südlich gelegene Spielplatzplateau. Naturnahe Spielgeräte warten hier auf ihre kleinen Benützer und ein paar kräftige Buchen eignen sich gut als Kletterbäume.

Die Route mit der Nummer 2 ist der ideale Wanderweg bei Schlechtwetter oder bei winterlichen Verhältnissen. Sie ist auch für den Rückweg empfehlenswert, damit die Wanderung wirklich eine „runde Sache" wird. Nur die ersten 10 Gehminuten vom Gipfelbereich zum **Gasthof Alpenblick** sind „erdig", dann geht es auf sonnigen Zufahrtsstraßen an einigen Höfen vorbei zurück in den Ort Mattsee. Für diese Runde sollten zweieinhalb Stunden eingeplant werden.

DIE BUCHE

Wie der Name des sanft geformten Flyschberges **Buchberg** schon ausdrückt, herrschten früher am Alpenrand Laubwälder vor. Die Hauptart war die Buche, die das feuchte, mildere Klima dieser Region bevorzugt. Für den Menschen war aber im letzten Jahrhundert die rascherwüchsige Fichte weitaus wichtiger, sodass großflächige Buchenwälder heute selten geworden sind.

Von Natur aus gesellen sich Tanne und Bergahorn hinzu, vor allem in den etwas feuchteren Lagen.
Die Rinde der Buche ist glatt und bildet keine Borke. Das verleitet viele Menschen, ein Kerbstück zur Erinnerung auf den Buchenstämmen zu hinterlassen, das mit dem Baumwachstum stetig größer wird.

Die Nussfrüchte der Buche, die dreikantigen Bucheckern, fallen im Herbst zu Boden, den sie in den so genannten Mastjahren, etwa alle fünf bis zehn Jahre, dicht bedecken können. Aus ihnen wird auch heute noch ein begehrtes Speiseöl gewonnen.
Besonders auffällig ist der **Keimling** der Buche. Die intensiv grünen Keimblätter sind dick-fleischig und können auch im tiefsten Waldesschatten Photosynthese betreiben, bis die ersten Laubblätter gebildet sind. So ist das Nachwachsen auch bei dichtem Kronenschluss gesichert.

Route 2 – Über den Buchberg nach Schleedorf

Etwas mehr Zeit und Kondition braucht man für den Rückweg über **Schleedorf**, der vorerst die **Egelseen** zum Ziel hat. Von der 801 Meter hohen Buchbergspitze gibt es je nach Wetterlage verschiedene Möglichkeiten, um zu den kleinen Seen zu gelangen: Es könnte das jener Waldweg sein, der über die Voglhütte talwärts führt, oder die sonnige Route Nr. 2, die zuerst in südlicher, dann in nördlicher Richtung den **Buchberg** auf winterfesten Wegen halb umrundet. Am Gräblerbauernhof vorbei gibt es noch dazu eine schnelle Abstiegsvariante. Trotz vieler Möglichkeiten ist die Orientierung einfach, die Seen und der spitze Kirchturm von **Schleedorf** sind markante Zeichen in der Flachgauer Landschaft. Am westlichen Rand der **Egelseen** angelangt stehen auch hier zwei Wege zur Auswahl, die nach Schleedorf führen. Der Weg

Nr. 9 (in der Freytag & Berndt-Karte als Weg Nr. 12) führt über Paltingmoos und ist die gut befestigte Schlechtwetter- oder Radlerroute, während der nördlich parallel dazu verlaufende Weg 11 eine lohnende Wiesenvariante ist, die das interessante Feuchtgebiet rund um die Egelseen mit einschließt. Der Weg 11 beginnt beim Weiler Guglmoos und führt direkt in die Moorlandschaft.

Für Schleedorf sollte man sich wirklich Zeit nehmen: Das Schaudorf ist ein gutes Beispiel, wie wertvoll die engagierte Zusammenarbeit aller Kräfte im Ort für eine lebendige Gemeinschaft sein kann. Herausragendes Beispiel dafür ist das neue Agriculturmuseum, das in seiner Art einzigartig ist und in dem immer wieder Sonderausstellungen gezeigt werden. So finden hier jährlich Obstschauen statt, die sich beispielsweise den vergessenen heimischen Apfel- oder Birnensorten widmen.
Staunenswert ist auch der letzte Abschnitt der Wanderung. Der Weg zur **Tiefsteinklamm** führt in südöstlicher Richtung entweder auf einem Feldweg oder einer schmalen Straße an den gegenüberliegenden Waldrand. Ein schmaler Waldpfad ist der Eintritt zur letzten Überraschung dieser Wanderung, der Tiefsteinklamm.
Ganz unerwartet trifft der Weg auf die Tiefsteinklamm und bietet so zum Abschluss nach der Flachgauer Landschaftsidylle noch ein wildromantisches Erlebnis der besonderen Art. An

In der Tiefsteinklamm: Die Pflanzen, die in der Tiefsteinklamm vorkommen, sind an geringe Lichtintensitäten angepasst. Bereits Lichtflecken können für ihr Fortkommen sehr wichtig sein.

der renovierten Fischachmühle und einer ehemaligen Käserei vorbei erreicht die Route die Landesstraße. Die Haltestelle für die Rückfahrt mit dem Bundesbus liegt ein paar Meter links oberhalb, während der Weg zum Bahnhof **Weng** in die entgegengesetzte Richtung führt. Nach 300 Metern zweigt die schmale Zufahrt nach links ab und endet einen Kilometer später bei der Bahnstation Weng.

Die Wanderung nach Weng führt durch eine hügelige Grundmoränenlandschaft mit vermoortem und versumpftem Gelände. Das Gebiet wird heute intensiv landwirtschaftlich genutzt.
Nach dem Rückzug der Gletscher bildeten sich hier Seen, die in den vergangenen 10.000 Jahren verlandeten.

DIE EGELSEEN BEIM BUCHBERG
Neben der Schwimmpflanzengesellschaft (mit Gelber Teichrose) und der anschließenden Röhrichtzone ist am Ufer der Seen noch ein kleinräumiges, ineinander verzahntes Mosaik aus Niedermoor, hochmoorähnlichem Übergangsmoor und wechselfeuchten Streuwiesen ausgebildet.
Der Abfluss der **Egelseen** hat sich in der **Tiefsteinklamm** tief in die jungen Grundmoränen eingeschnitten und fällt als Wasserfall über die Steilstufe einer stark verkitteten rißzeitlichen Moräne. Durch das abweichende Mikroklima existiert hier eine Unzahl von Lebermoosen, welche die Steine mit ihrem Grün überziehen.

Stileiche an einer Wegkreuzung vor den Egelseen.

2. GROSSE PLAIKE
Faszination Eiszeit

Was Sie schon immer über die Eiszeit wissen wollten: Ein rund um Henndorf angelegter Wanderweg mit 14 Informationsstationen gibt darauf eine umfassende Antwort.

ROUTE 1: Henndorf–Firling–St. Brigida–Henndorf.

ROUTE 2: St. Brigida (oder über Altentann)–Gr. Plaike–Lichtentann–St. Brigida.

Anfahrt: Von Salzburg oder Straßwalchen kommend in den Ort Henndorf und dort über die Kirchenstraße auf den großen Schulparkplatz. Der Ausgangspunkt St. Brigida wird über die Abzweigung „Ölling" am nördlichen Ortsende von Henndorf erreicht.

Gehzeit: Gesamt 4,5 Stunden bei 13,4 Kilometer; Halbtagesroute (Route 1 und 2) 2 bis 3 Stunden (7,5 Kilometer).

Höhenunterschied: Route 1 gering. Einfache Familien- und Allwetterwanderung. Route 2 erfordert bei 500 Höhenmetern etwas Ausdauer.

Karte: f & b WK 391. – Sehr informative Übersichtskarte im Henndorfer Tourismusbüro.

Einkehr: In Henndorf, Gasthaus Kienberg.

Führungen: Durch die Initiatoren des Eiszeit-Rundweges: Tel. 06216/78 39-5.

Vierzehn Stationen geben umfassende Auskunft über jenes eisige Kapitel Erdgeschichte, das erst vor 10.000 Jahren zu Ende ging. Setzt man das Alter unseres Planeten mit zumindest 4 Milliarden Jahren an, ist das ein winziger Zeitabschnitt mit um so größerer Auswirkung auf jene Landschaftsform, die uns heute beste Freizeit- und Lebensqualität garantiert: Schließlich gehört der **Flachgau** nicht ohne Grund seit der letzten Volkszählung zu den Gebieten mit der höchsten Zuwachszahl an Einwohnern in ganz Österreich. Wie diese Landschaft mit ihren sanften Bergen und Seen entstanden ist, zeigt der Lehrweg. Der Ausflug in die Eiszeit ist mit seinem 14 Kilometer langen Rundweg als Tagestour angelegt. Der Eiszeitrundweg lässt sich aber in zwei etwa gleich lange Teile zerlegen, wobei der flache Anfangsteil ein idealer Schlechtwetter- oder auch Fahrradtipp ist, während der Steig über die **Große Plaike** (1034 m) leicht alpines Gelände oberhalb der ehemaligen Gletschergrenze betritt.

Route 1 – Auf festen Wegen über Firling

Ausgangspunkt ist der Henndorfer Schulparkplatz ganz in Kirchennähe. Die blauen Schilder sind nicht zu übersehen und führen als erstes zu dem so genannten **Toteisloch in Kirchfenning**. Die Route überquert die Bundesstraße und führt in sanfter Steigung zu den Findlingen, die auf dem offenen Feld liegen. Die hügelige Golflandschaft von **Gut Altentann** besteht zwar erst seit einigen Jahren, die Anlage passt mit ihren sanften Formen aber gut in das Bild der eiszeitlichen Grundmoränen, von denen die nächste Schautafel berichtet.

Der Türkenbund *(Lilium martagon)* wächst in Laubwäldern, Hochstaudenfluren und Latschengebüschen bis über 2000 Meter Seehöhe. Ein Bläuling ruht sich auf einer Blüte aus.

Die Halbtageswanderung ohne die Große Plaike folgt der wetterfesten Verbindungsstraße, die Richtung Norden über Edt und **Firling** zur weithin sichtbaren Kirche von St. Brigida verläuft. Wieder machen Informationstafeln den Weg dorthin abwechslungsreich, aber auch die spätgotische Filialkirche verdient Aufmerksamkeit und ist ein idealer Platz für einige Minuten der Besinnung. Wenn der Blick Richtung Henndorf schweift, schiebt sich der **Ooser von Ölling** ins Bild, ursprünglich ein gewaltiger Eistunnel am Gletscherboden, der, mit Sand und Schotter aufgefüllt, als letzte Barriere vor Henndorf erhalten geblieben ist. Bald nach der kleinen Kirche und einem weiteren Informationspult zweigt in Ölling der Feldweg nach links ab und führt in das Ortszentrum von **Henndorf** zurück.

> WIE KOMMT DAS DORF ZUR HENNE?
> Der Name Henndorf hat übrigens nichts mit dem Federvieh zu tun, sondern leitet sich von der ursprünglichen Bezeichnung „Höhendorf" ab. Durch die mundartliche Sprechweise „Heach'n" für Höhe wurde daraus Henndorf und ist es bis heute geblieben. Der Grund, warum sich die Gemeinde mit „falschen Federn" schmückt, ist 50 Jahre nach der Wappenverleihung nicht mehr ganz nachvollziehbar und dürfte wohl in der Bevorzugung von „redenden Wappenbildern" liegen.

Auch sonst gibt es in der Ortschaft noch viel zu entdecken: Etwa die „Wiesmühle", in der Carl Zuckmayer sein Paradies fand, bevor er emigrieren musste. Der Carl-Zuckmayer-Weg an der Rückseite des Gemeindeamtes führt dorthin und der kleine, literarische Umweg lässt sich gut einbauen, bevor die eiszeitliche Henndorfer Wanderung an ihrem Ausgangspunkt endet.

Route 2 – Die Große Plaike

Ein guter Ausgangspunkt für die Rundwanderung über die **Große Plaike** ist der Kirchweiler **St. Brigida**. Von Henndorf kommend zweigt unterhalb der Kirche ein Feldweg nach rechts ab. Diese Abkürzung trifft auf jene Straße, die über die Weiler **Firling**, Edt und Graben in südlicher Richtung, immer geradeaus, an den Fuß der Großen Plaike führt. In **Graben** taucht die alte Wegmarkierung 36 auf. Auch die Wegrichtung zum noblen Tierasyl Aiterbichl folgt kurz der Nummer 36, zweigt dann aber nach links ab. Bald treffen die besonders konditionsstarken Wanderer auch aus der Richtung Golfplatz „Gut Altentann" kommend auf den Weg zur Plaike (siehe Route 1). Die markierte Route verschwindet im

Blick von der Großen Plaike auf den Wallersee.

Wald und ist anfangs noch ein lieblicher Weg, der kleine Bäche kreuzt und ein idealer Spielboden für Kinder ist. Allmählich wird der Weg steiler, eine kurze „Durststrecke" steht bevor, dann taucht auf der Steinwand ein herrlicher Aussichtspunkt mit Rastplätzen und Informationstafeln auf. Der bewaldete, 1034 Meter hohe Gipfel ist, zumindest was den Rundumblick betrifft, eine kleine Enttäuschung, aber mit dem romantischen Henndorfer Heimkehrerkreuz und der **Ruine Lichtentann** kommen noch zwei Höhepunkte

In der Ruine Lichtentann.

ganz nach dem Geschmack der jungen Wanderer. Beide Stationen liegen nicht direkt an der Abstiegsroute, aber der Umweg von jeweils wenigen Minuten lohnt sich. An jener Stelle, wo der Weg den Wald wieder verlässt und mit schönem Ausblick in das offene Gelände tritt, ist eine der informativen Eiszeitstationen aufgebaut. Die schmale Verbindungsstraße führt auf dem schnellsten Weg zur zwei Kilometer entfernten **Kirche von St. Brigida**. Man kann sich aber auch noch im rechts gelegenen Gasthaus Kienberg bei Hausmannskost laben und die lange Wanderung optisch Revue passieren lassen.

Blick von den Flyschbergen über den Wallersee.

3. GLASENBACHKLAMM – EGELSEE
Versunkene Welt

Die Glasenbachklamm war und ist eines der beliebtesten Wanderziele im Nahbereich der Stadt Salzburg. Nach dem lehrreichen und anschaulichen Spaziergang durch die Erdgeschichte schließen sich einige interessante, wenig begangene Varianten für den Rückweg an.

ROUTE 1: Über Höhenwald.

ROUTE 2: Über die Mühlsteinwand–Erentrudisalm.

ROUTE 3: Über die Egelseen–Gimpl–Schönalm–Erentrudisalm.

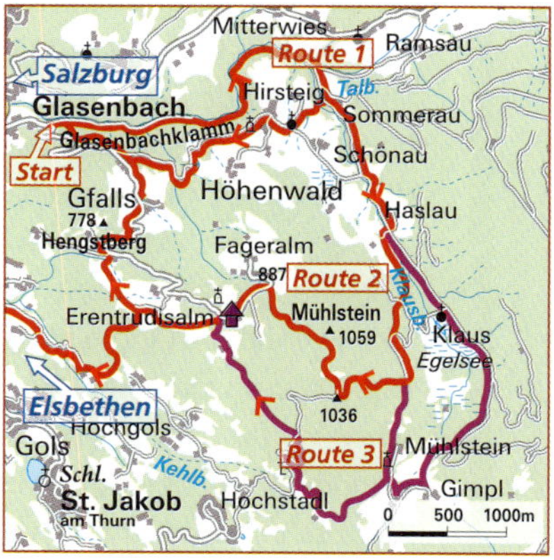

Anfahrt: Mit dem öffentlichen Verkehrsmittel nach Glasenbach und dort dem Klausbach folgend in die Klamm. Mit dem Auto Richtung Elsbethen an den Beginn der Glasenbachklamm (einige Parkplätze).

Gehzeit: 3 Stunden (Route 1), 4 bis 5 Stunden (Routen 2 und 3).

Höhenunterschied: 150 Meter, einfache Familienwanderung (Route 1). 600 Meter, anspruchsvoll und nur bei trockenem Wanderwetter empfehlenswert! (Route 2). 550 Meter, unkompliziert, aber sehr einsam (Route 3).

Karte: f & b WK 392.

Einkehr: In Glasenbach. Gasthaus Ramsau. Erentrudisalm.

GLASENBACHKLAMM

Die **Glasenbachklamm** ist eigentlich ein Kerbtal, das schluchtartige Strecken aufweist. Sie wird vom Klausbach durchflossen, der einst für die Holzgewinnung aufgestaut wurde. Am Eingang zur Klamm stehen mächtige Konglomerate an, die sich vor rund 80 Millionen Jahren gebildet haben. Sie stellen den Abtragungs-

schutt der sich in Auffaltung begriffenen Alpen dar. Die **Konglomerate** lagern mit einer zeitlichen Lücke, die etwa 50 Millionen Jahre umfasst, den Radiolariten auf. Diese verdanken ihren Namen mikroskopisch kleinen Einzellern, den Radiolarien, die ihre Gehäuse aus Kieselsäure aufbauen.
Aus diesem harten Gestein haben die Menschen der Steinzeit Werkzeuge angefertigt. Umfangreiche Funde wurden in der Nähe der Klamm, im so genannten Abri von Elsbethen, besser bekannt als „Zigeunerloch“, gemacht. Hier wurde auch das älteste Grab Österreichs mit einem Alter von beinahe 10.000 Jahren gefunden.
Nach dem Radiolaritaufschluss beginnt eine lange Folge von dünnbankigen, wellig geschichteten Knollenkalken. In diese sind immer wieder Gesteinspakete eingeglitten. Die mächtigste Eingleitung stellt die sogenannte „Knollenbrekzie“ dar, die eine 13 Meter hohe Wand bildet.
Diese Wand wurde von Mergelkalken unterlagert. Darin wurde schon vor fast 130 Jahren Reste eines Ichthyosauries (Fischechse) gefunden, die heute im Haus der Natur ausgestellt und als Abgüsse im Heimatmuseum Elsbethen zu besichtigen sind.
Das Bachbett macht nun einen Knick um 90 Grad in Richtung Norden. Große Blöcke aus Konglomerat liegen malerisch im Bachbett und bald darauf sieht man rechts, an der Ostseite, einen großen Aufschluss, der schön die eiszeitliche Moräne zeigt. Im Gegensatz zum Gosaukonglomerat finden sich hier zahlreiche Gerölle aus den Hohen Tauern. Auch das Bindemittel besteht aus grauem Kalk, während rote Mergel, wie im Gosaukonglomerat, fehlen.

Das enge, tiefe Tal der **Glasenbachklamm** ist durch ein besonderes **Lokalklima** ausgezeichnet. Der tiefe Taleinschnitt vermindert die Sonneneinstrahlung, sowohl von der Dauer als auch von der Intensität her. Zudem verringert die Enge der Schlucht die Windwirkung, sodass sich ein stabiler Luftraum bildet, der eine relativ hohe Luftfeuchtigkeit über eine längere Zeitdauer aufweist. Eine weitere Quelle für die hohe Luftfeuchtigkeit ist natürlich der Klausbach selbst.

So sind die Talflanken der Glasenbachklamm im Vergleich zum angrenzenden Gelände ein schattiger, kühler und feuchter Lebensraum. Wo sich nicht gerade senkrechte Felsflanken erheben, herrscht in der Glasenbachklamm ein **Schluchtwald** vor. Den Buchen wird es dort schon zu dunkel, andere Baumarten wie Bergahorn, Eschen, Grauerlen und Bergulmen entwickeln sich nur schlecht. Dafür ist der krautige und strauchige Unterwuchs üppig entwickelt, denn die Oberflächenwässer sorgen für reichlich Nährstoffe.

Die hohe Luftfeuchtigkeit hat zur Folge, dass die älteren Bäume von einem dichten Mooskleid bedeckt sind. In diesen baumbewohnenden **Mooskissen** können wiederum anspruchslose **Farne** und krautige Pflanzen wachsen – ein Bild, das an niederschlagsreiche Regenwälder in tropischen Zonen erinnert. Auch die Felsen sind von üppigen Moospolstern bedeckt, an Stellen mit Quellaustritten bilden sie dicke Tuffauflagen. Kein Wunder, dass sich hier feuchtigkeitsliebende Tiere wie Frösche, Lurche und der auffällig gefleckte Feuersalamander wohlfühlen.

Mooskleid

Wurmfarn

Das **Moderholz** bietet Wuchsmöglichkeiten für eine große Anzahl von Totholz bewohnenden Pilzen, viele sonst seltene Arten, z. B. Zunderschwamm, Bergporling oder Winterrübling, sind hier in hoher Zahl anzutreffen.

Am Ende der **Glasenbachklamm**, das gemütliche Gasthaus Ramsau liegt mit einer viertel Gehstunde schon in Reichweite, könnte der beliebte Spaziergang durch die Jahrmillionen alte Erdgeschichte eine hochalpine Wendung nehmen: Bei der Brücke im allerletzten Teil der Klamm folgt der Weg nicht mehr Richtung **Ramsau**, sondern zweigt nach rechts Richtung Egelsee, Höhenwald ab. Drei sehr unterschiedliche Varianten, um an den Ausgangspunkt zurück zu kommen, stehen zur Auswahl.

Route 1 – Über Höhenwald

Die einfachste und schnellste Rückkehr zum Ausgangspunkt verläuft oberhalb der Klamm über **Höhenwald**, hat allerdings den kleinen Schönheitsfehler, dass diese Variante größtenteils einer wenig befahrenen, asphaltierten Zufahrtsstraße folgt, was bei Schlechtwetter auch von Vorteil sein kann.

Route 2 – Über die Mühlsteinwand

Nass oder eisig sollte es bei der sehr anspruchsvollen Route über die **Mühlsteinwand** auf keinen Fall sein! Zunächst geht es noch bequem geradeaus weiter, die Straße Richtung Höhenwald

Abstieg von der Erentrudisalm kurz vor der Abzweigung zur Trockenen Klamm.

zweigt nach rechts über die Brücke ab, bis ein Fahrverbotsschild und ein Schranken auftauchen. Nach ein paar Gehminuten befindet sich links oberhalb in schöner Hanglage ein nobles Anwesen, der blau markierte Weg zweigt aber gegenüber nach rechts über die alte Holzbrücke ab. Während der nächsten Stunde braucht man nur den blauen Punkten zu folgen.
Schwieriger ist es allerdings, den ursprünglichen Standort eines der beliebtesten Stadt-Salzburger Ausflugsziele der Jahrhundertwende zu finden: Die **Wundertanne**, die eigentlich eine Kandelaberfichte ungeheuren Ausmaßes war, ist wie vom Erdboden verschwunden. Selbst so riesenhafte Erscheinungen wie diese Fichte hinterlassen kaum Spuren, wenn sie einmal den Kreislauf der Natur durchlaufen haben.

DIE WUNDERTANNE

Die „Wundertanne" war eine gut 400 Jahre alte Kandelaberfichte mit einem Stammumfang von vier bis fünf Meter. Sechs Männer waren nötig, damit der Baum umfasst werden konnte. Im Jahr 1937 musste der 36 Metern hohe Baum umgeschnitten werden, weil ein Feuer in seinem hohlen Inneren schwersten Schaden angerichtet hatte. Bis dahin und auch einige Zeit danach wurden der Wundertanne heilbringende Kräfte nachgesagt. So sollten ein paar richtig deponierte Holzstückchen Abhilfe bei Gicht, Zahnschmerzen oder Hühneraugen bringen. Der Volksglaube machte aus der eindrucksvollen Kandelaberfichte ein wahres Waldheiligtum, zu dem die Besucher von weit her wallfahrteten. Beinahe nichts mehr ist davon übrig geblieben, nicht einmal die angrenzende **Naglalm**, die zu den **Mühlsteinhöfen** gehörte, ist noch zu erahnen.

Dieser Abschnitt hat wirklich etwas Urwaldartiges an sich. Die Entstehung vieler Geschichten rund um die Wundertanne lässt sich in der manchmal düsteren Stimmung des Waldes ohne weiteres nachvollziehen. Auf einem Sattel, an jener Stelle, wo der blau markierte Weg plötzlich nach rechts abzweigt und den breiten Holzziehweg verlässt, soll die Wundertanne etwas unterhalb gestanden sein. Wer es ganz genau wissen will, sollte den **Mühlsteinbauern** fragen: Der Hof mit seinen schönen marmornen Portalen und Gesimsen liegt auf der anderen Seite des Sattels, man braucht bloß gute 10 Minuten dem geradeaus führenden Waldweg zu folgen. Aber noch etwas anders ist auf diesem Weg beachtenswert: Gegenüber in nordöstlicher Richtung liegt der **Schwarzenberg**, der ganz offensichtlich nur wegen seines Waldreichtums so heißen kann. Auffallend ist trotzdem ein großer kahler Fleck, der an ein tragisches Flugzeugunglück erinnert, das sich in den Fünfziger Jahren hier ereignet hat. Die Absturzstelle des Bundesheerflugzeuges wurde damals tagelang nicht entdeckt. Dem Schwarzenberg zu Füßen aber liegt ein naturkundliches Juwel, der **Egelsee**.

> Von dem See ist nichts mehr zu sehen, aber der Name erinnert an eine Zeit, als das Wasser zur Seegröße aufgestaut wurde, damit die Fichtenrundlinge des Schwarzenbergs durch den Klausbach gedriftet werden konnten. Endstation war ein großer Holzrechen kurz vor der Salzachmündung. Der **Rechenwirt** in Glasenbach erinnert daran. Der Egelsee ist in der Zwischenzeit gänzlich verlandet, Teile der Feuchtwiesen werden heute landwirtschaftlich genutzt, ein anderer Teil steht unter Schutz.

Die blaue Route, die auf dem Sattel nach rechts abzweigt, wird zunehmend steiler, schmäler und rutschiger. Bei einer Felswand können nur noch zwei Eisenleitern weiterhelfen. So gewinnt man relativ rasch je 15 Höhenmeter und, falls die Nerven es zulassen, Einsicht auf eine „mitwachsende" Eibe, die auf der linken Leiterseite den für sie vorteilhaften kühlen Standort gewählt hat. Nach den beiden Leitern ist es nur noch wichtig, die blauen Punkte nicht aus den Augen zu verlieren. Der Weg verläuft über weichen

Die letzten Reste der Wundertanne.

Waldboden, durchquert eine junge Fichtenkultur und zweigt plötzlich, leicht zu übersehen, nach rechts ab. Danach ist die Wegführung wieder eindeutig, der Wanderer kann sich ruhig auf die Wald- und Wiesenlandschaft konzentrieren, bevor überraschend die **Erentrudisalm** auftaucht. Benannt nach der ersten Äbtissin Erentrudis, war hier einst das klösterliche Vieh des Nonnberger Klosters untergebracht. Heute wird das geschichtsträchtige Haus mit der kleinen gotischen Kirche von der Katholischen Jungschar betrieben.

Route 3 – Über die Schönalm

Zur Erentrudisalm führt auch noch eine andere, weniger dramatische Route. Oberhalb des Egelsees, wo die blau markierte Route nach rechts zur Mühlsteinwand abzweigt, führt ein unmarkierter Steig geradeaus weiter und trifft nach einer Viertelstunde auf den zumindest 300 Jahre alten Hof des **Mühlsteinbauern**. Der „Mühlstona" gibt gerne Auskunft über den genauen Standort der Wundertanne und ist außerdem ein guter Kenner der Geologie. Danach geht es ein kurzes Stück auf der Hofzufahrt entlang, bis der Weg 2 A in Richtung **Schönalm** nach rechts abzweigt. Zu dieser Abzweigung gelangt man auch von der anderen Seite über den

Weiler **Gimpl**. Die Variante über Gimpl ist für all jene interessant, die nicht den blau markierten Weg mit der Abzweigung Mühlsteinwand wählen, sondern von Anfang an auf jener breiten Forststraße bleiben, die den Egelsee auf der gegenüberliegenden, östlichen Seite umrundet.
Ein kurzes Stück ist der Abschnitt zur **Schönalm** steil und oft rutschig, aber es gibt eine Holztreppe, und bald tauchen interessante Felsschichtungen auf, bevor der Weg auf ein Almplateau hinaustritt. Die Schönalm heißt nicht umsonst so und auch die neu errichtete Hubertuskapelle unterstreicht den besonderen Reiz dieser Gegend. Nach weiteren 20 Minuten mündet der einsame Weg in eine touristische „Hauptstraße" ein, den gelb markierten Weg Nummer 1, der 150 Höhenmeter oberhalb auf die **Schwarzenberg- bzw. Erentrudisalm** trifft. Der Abstieg von der Erentrudisalm folgt ein kurzes Stück, am Wildgehege vorbei, der Straße und zweigt dann nach links ab auf den Wanderweg, der mit Blick auf die Stadt an den Ausgangspunkt, den Parkplatz vor dem ehemaligen Gasthaus Lohhäusl (von „Lohe" für Gerberei), zurückführt.

Abstiegsvariante Trockene Klammen:
Bei diesem Abstieg zweigt der Weg zu den Trockenen Klammen eine halbe Gehstunde unterhalb der Erentrudisalm in Höhe des ersten Gehöfts nach links ab. In wenigen Minuten gelangt der Weg aus einem Buchenwald in eine wilde Felssturzlandschaft, eine Wunderwelt aus Höhlen, Schluchten und Felswänden.

KLAMMEN
Genauso wenig, wie die Nasse Klamm oder die Glasenbachklamm eine Klamm ist (sie ist eine Schlucht des Klausbaches), gebührt den Trockenen Klammen die Bezeichnung „Klamm". Klammen sind, wie man üblicherweise annimmt, auf die Erosionskraft des Wassers zurückzuführen.
Hier aber verdanken die Klammen ihre Entstehung dem Zerbrechen der steifen Kalkplatte aus Barmsteinkalk entlang von Störungen. Das harte Gestein kam auf den weichen Mergeln ins Rutschen: Die bis zu 20 m mächtigen Bänke der Oberalmer Kalke rissen längs der tektonisch vorgezeichneten Brücke, die

der Salzachtal-Störung folgt, auseinander, rutschten langsam ab und zerbrachen in einzelne Schollen. Sie hinterließen eine beeindruckende wilde Felslandschaft mit 15 bis 20 m tiefen und weiten, bis zu 20 Meter klaffenden Schründen. Gegen das Salzachtal zu sind die Schollen umgestürzt und übereinander gekippt. Vielleicht glaubte man deshalb auch an ein Erdbeben, welches diesen „Bergsturz" auslöste. Da aber keine Ausbruchsnische vorhanden ist, kann es sich hier nur um eine Bergzerreißung handeln.
Einen Einblick in den weichen Untergrund bietet das Naturdenkmal des Stadlerkessels im Kehlbachgraben, der am Weg zu den Trockenen Klammen liegt. Auch der Kehlbachgraben folgt einer tektonischen Bruchlinie.
Die Trockenen Klammen sind nicht nur ein lohnendes Ausflugsziel für Naturliebhaber, die leicht zugänglichen Felsen werden auch gerne von Kletterern als Trainingsgelände benützt.

Der Abstieg durch die **Trockenen Klammen** führt zum **Naturdenkmal Archstein**, einem gewaltigen, von Efeu überwucherten Block, und von hier, der Zufahrt folgend, nach Elsbethen. Entweder mit dem öffentlichen Bus oder die zwei Kilometer zu Fuß geht es nach Glasenbach zurück.

Im Felslabyrinth der Trockenen Klammen.

4. REGENSPITZ

Unterwegs in der Osterhorngruppe

Die Osterhorngruppe bietet ideale Wanderziele für die ganze Familie. Eines davon ist die Regenspitze. Der wenig begangene nordseitige Anstieg führt durch eine stille Almlandschaft auf den Aussichtsberg. Auch in der näheren Umgebung gibt es viele Raritäten zu entdecken, wie die Eiskapelle oder das Felsenbad.

ROUTE: Hintersee–Satzstein–Feichtensteinalm–Regenspitz–Bergalm–Satzstein.

Anfahrt: Von der Wolfgangsee-Bundesstraße oder dem Wiestal in die Ortschaft Faistenau und dort weiter nach Hintersee. In der Ortsmitte des gleichnamigen Dorfes zweigt die einen Kilometer lange Stichstraße Richtung Süden zum Naturdenkmal Satzstein ab.

Gehzeit: 4 Stunden. Mäßig anspruchsvolle Bergwanderung.

Höhenunterschied: 900 Meter.

Karte: f & b WK 392.

Einkehr: In Hintersee. Feichtensteinalm. Bergalm. Storchenalm.

Der **Regenspitz** ist zwar nicht der Hauptgipfel der **Osterhorngruppe**, aber vielleicht einer der schönsten. Ihren eigenartigen Namen hat die Pyramide nicht von außergewöhnlich viel Niederschlägen, sondern sie ist eines der vielen Beispiele von allmählicher Veränderung durch den Volksmund. Im Laufe der Jahrhunderte wurde aus dem ursprünglichen „Rieger-“ der besagte Regenspitz. Auch die vielleicht irritierende Bezeichnung Osterhorngruppe ist leicht erklärt: Verantwortlich ist der unscheinbare Nachbargipfel des **Hohen Zinken**, das Osterhorn (= „Horn im Osten“).

In der Würm-Eiszeit drang in das ausgedehnte Faistenauer Becken ein Zweig des Traungletschers, der Tiefbrunnauer Gletscher, ein, der von Lokalgletschern des Faistenauer Schafbergs Zuwachs erhielt.
Ein Ausläufer des Salzachgletschers, der Hinterseegletscher, stieß ebenfalls in das Becken vor und traf in den Ortsteilen Faistenau und Alm auf den Traungletscher. Die Aufschüttungen von Endmoränen zeugen noch heute davon.
Die Entwässerung des Gebietes, die vorher zwischen Lidaun und Strumberg erfolgte, wurde durch bis zu 150 Meter mächtige Moränenwälle verlegt. Dadurch entstand an der niedrigsten Stelle, zwischen Ochsenberg und Strumberg, ein Durchbruch, welcher sich tief in den Dolomit eingrub. Auf diese Weise entstanden die fast 100 Meter tiefe **Strubklamm**.
Nach dem Abschmelzen des Hinterseegletschers stauten sich durch die Moränenfüllung des Faistenauer Beckens der **Tauglbach** u. a. Gewässer auf und schufen den **Hintersee**. Seinen Höchststand erreichte der See auf etwa 735 Metern Seehöhe. Er erstreckte sich im Südosten bis zur heutigen Ortschaft Hintersee und reichte im Nordosten weit bis in die heutige Ortschaft Vordersee hinein. Durch die Eintiefung des Abflusses sowie durch Zuschüttung wurde der Hintersee immer kleiner.
Der See wird ständig durch Karstwasser (Unterwasserzuflüsse) gespeist, daher erwärmt sich das Wasser auch an heißen Sommertagen nicht.
Im Endmoränengebiet der Tiefbrunnau bildeten sich ausgedehnte Sumpfgebiete, die von Wasseradern durchzogen sind.

Bereits die Anfahrt über die kleine Ortschaft **Hintersee** ist ein Genuss. Gegenüber der spätbarocken Pfarrkirche befindet sich die so genannte **„Kaiser-Jubiläums-Linde"**, die es vom Alter her zwar nicht mit der mehr als 1000-jährigen Faistenauer Dorflinde aufnehmen kann, aber wegen der besonderen Ensemblewirkung auch zum Naturdenkmal erklärt wurde. Einen Kilometer weiter Richtung Süden liegt nicht nur der Ausgangspunkt, sondern gleich das nächste bemerkenswerte Naturdenkmal, ein gewaltiger erratischer Block.

Bergalm, im Hintergrund der Schmittenstein.

Rechts neben dem Satzstein oder Irrblock, wie der Felskoloss in Hintersee auch genannt wird, verläuft ein steiler Ziehweg in die Höhe, links führt eine sanftere Variante am Mühlhäusel vorbei. Sehr bald wird es wieder flacher und kurz darauf zweigt der markierte Weg zu den **Feichtensteinalmen** nach links ab, während die Hauptrichtung zur **Bergalm** geradeaus weiterführt. Der Weg zu den Feichtensteinalmen durchquert noch einen steilen Wald, dann aber breitet sich ein langgestreckter Rücken aus, der Richtung **Regenspitz** weist. Die Almen liegen malerisch verstreut auf dem Weidegrund und dazwischen führt ein Weg kaum spürbar in die Höhe. Allmählich wird der Rücken zu schmal für die Almbewirtschaftung und der Weg sucht sich seine Spur durch die Himbeer- und Pfefferminzstauden. Nur ganz zum Schluss, der Gipfel ist schon zum Greifen nahe, wird die Wanderung ein wenig alpin. Nach einigen Schritten über felsiges Gelände ist der höchste Punkt der Wanderung, der 1675 Meter hohe Regenspitz, erreicht. Der Abstieg zur Bergalm ist nicht ganz so genussvoll wie der Aufstieg. Besonders unter feuchten Bedingungen kann der steile Steig seine Tücken haben. Dafür übt der sanfte Sattel, auf dem die bewirtschaftete **Bergalm** (1250 m) steht, eine große Anziehung aus. Grund dafür sind auch die legendären Bauernkrapfen, die auf der Alm angeboten werden, eine Spezialität, der man sich schwer entziehen kann. Der anstrengende Teil der Osterhornrunde ist bewältigt und was nun folgt, ist ein langsames Ausklingen über den Weg 851, der größtenteils als gemütlicher Forstweg Richtung Hintersee an den Ausgangspunkt zurückführt.

ALMPFLANZEN

Die Flächen der Osterhorngruppe sind infolge der Almwirtschaft einem starken Weidedruck ausgesetzt. Nur an steileren, stark bewegten Schutthängen, die für das Vieh unzugänglich sind, kann sich eine naturnähere Vegetation ausbilden. Auf den beweideten Flächen kommen aber nur solche Pflanzen zur Blüte und Fruchtreife, die vom Vieh gemieden werden. Um der Beweidung zu entgehen, bilden manche Pflanzen, wie zum Beispiel der Weiße Germer *(Veratrum album)*, hochwirksame Giftstoffe aus. Andere wiederum bewehren sich mit schmerzhaften Stacheln und Dornen. Deshalb entwickeln sich auf Weideflächen Disteln sehr gut.

Die wohl stattlichste Distel in der Osterhorngruppe ist die **Wollige Kratzdistel** *(Cirsium eriophorum)*. Sie erreicht eine Höhe bis 150 cm, ihre dicht spinnwebig-wolligen Blütenkörbe sind kugelig mit einem Durchmesser von 5–7 cm. Die zahlreichen Röhrenblüten sind rötlich-violett gefärbt und bilden einen für viele Insekten attraktiven Schauapparat.

Ganz zu Ende braucht der Wandertag in der Osterhorngruppe aber noch nicht zu sein. Auf der Heimfahrt liegt kurz vor dem Hintersee eine Kuriosität, die den einstündigen Abstecher, vor allem im Sommer, auf jeden Fall rechtfertigt. Es ist die so genann-

Das Felsenbad bei Faistenau.

te „**Eiskapelle**", die sich unter den mehr als 700 Meter tiefen Steilhängen des Wieserhörndls Jahr für Jahr aufs Neue bildet. Schnee und Eis mitten im Sommer in Tallagenhöhe ist wirklich ein ungewöhnlicher Anblick! Größe und Aussehen hängen ganz von der Niederschlagsmenge und den Witterungsbedingungen des vorangegangenen Winters ab.

Wer sich an heißen Sommertagen wirklich abkühlen will, für den bietet der nahe **Hintersee** einige schöne Naturbadeplätze. Eine einmalige Schwimmgelegenheit bietet auch das **Felsenbad am Almbach**, dem Abfluss des Hintersees. Auf der Fahrt zurück nach Faistenau zweigt bald nach dem Hintersee, etwa in Höhe des Fischerwirtes, eine schmale Straße Richtung „Hallein" nach links ab. Nach zwei Kilometern befindet sich auf der linken Seite das kleine Hinweisschild auf das unterhalb gelegene Felsenbad. Der Almbach hat hier eine Beckenlandschaft geschaffen, die es mit ihren Rutschen, Wasserfällen und Sprudelbassins mit jedem Erlebnisbad aufnehmen kann. Nur ist hier, in der Nähe von Faistenau, der Eintritt frei, und nebenbei gibt es eine vielfältige Fauna und Flora zu entdecken. Einzig der schwankende Wasserstand bereitet manchmal Sorgen, da der Hintersee, aus dem der Almbach gespeist wird, auch zur Energieerzeugung genutzt wird.

5. STILLES TAL
Am Fuschlsee

Die Wanderung in das Stille Tal führt durch ein interessantes Niedermoor am Nordende des Fuschlsees und berührt nebenbei die schönsten Buchten an einem der saubersten Badeseen im Salzburger Land.

ROUTE: Parkplatz „Strandbad Fuschlsee" der Gemeinde Hof–Fuschler Moor–Hundsmarktmühle–Feldbergsattel–Stilles Tal-Strandbad.

Anfahrt: Auf der Grazer Bundesstraße durch die Orte Hof oder Fuschl bis zur Baderluck-Kreuzung. Gegenüber der Abzweigung nach Faistenau ist die Richtung „Badestrand" angeschrieben. Am Ende der Seestraße befindet sich ein großer Parkplatz. Bus: Kurs 3000.

Gehzeit: 3 Stunden. Familienwanderung.

Höhenunterschied: 100 Meter.

Karte: f & b WK 391.

Hundsmarktmühle: Sehenswerte Mühle, die bis 1940 als Lohnmühle in Betrieb war. Seit 1994 ist dort das Heimatmuseum untergebracht. Die Museumsschwerpunkte sind die Geschichte Thalgaus und die Historische Mühle.

Einkehr: Jausenstation gegenüber der Hundsmarktmühle.

Das Land Salzburg, und hier im besonderen der Flachgau, ist eine ausgesprochen moorreiche Landschaft. Die größten Moore wurden zwar durch Abtorfung und Entwässerung in den vergangenen Jahrzehnten bereits stark verändert, aber auf die Spaziergänger und Botaniker üben die zahlreichen Salzburger Kleinmoore nach wie vor eine ungebrochene Faszination aus. Kaum eine an-

dere Landschaftsform vermittelt ähnliche Sinneseindrücke wie eine Wanderung durch das Moor. Für die Erhaltung des Moores ist es notwendig, den Besucherstrom auf die wenigen festen Wege zu lenken.
Sinnlich geht es bei dieser Wanderung auch im **Stillen Tal** zu. Dazwischen liegen die Badebuchten des Fuschlsees, die viel Platz zum Austoben bieten. Auch die **Hundsmarktmühle**, das originelle Thalgauer Heimatmuseum, will von seinen Besuchern „begriffen" werden.

Streuwiesen an der Fuschler Ache.

Der **Fuschlsee** stellt den Beginn der Seenkette Fuschlsee-Mondsee-Attersee dar und gehört zum Einzugsgebiet der Traun. Der See liegt im Zungenbecken eines westlichen Zweiges des Traungletschers. Das Seebecken liegt in einer 67 Meter tief in Wettersteindolomit eingesenkten Felswanne, die mit Moränenmaterial ausgekleidet ist. Der See erhält auch durch unterirdische Zuflüsse aus den benachbarten Karstgebieten sein Wasser.
Durch eine Bodenschwelle beim so genannten alten Fischerhaus wird das Seebecken in zwei Teile geteilt. Im östlichen Teilbecken, bei der Ortschaft Fuschl am See, liegen die beiden Hauptzuflüsse, der **Eibenbach** und der **Ellmaubach**. Der steile Felsvorsprung am Westende des Sees wird vom **Schloss Fuschl** überragt. Hier befindet sich auch der Seeabfluss, die **Fuschler Ache**. Das nach Westen anschließende Fuschler Moor zeigt, dass der See ur-

sprünglich wesentlich größer war. Das landschaftlich besonders reizvolle Gebiet steht unter Naturschutz.
Die Vegetation zeigt alle Übergänge vom Wasserpflanzenbereich und Schilfgesellschaften zu Ried-, Seggen- und Pfeifengraswiesen. Besonders vielfältig ist das Singvogelvorkommen.
Reinanke und Saibling sind die wichtigsten Fischarten, daneben gibt es noch Hecht, Seeforelle, Aalrutte und Cypriniden.

Ausgangspunkt ist der Strandbad-Parkplatz der **Gemeinde Hof**. Eine Schautafel verrät die Entstehung des Niedermoores, während ein vergleichender Blick auf die linke und die rechte Wegseite den direkten Unterschied zwischen „extensiver" Feuchtwiese und „intensiv" genutztem Golfgrün erlaubt. Aber immerhin kommt es auch vor, dass auf der Golfplatzseite eine Kolonie Trollblumen blüht. Das nahe Strandbad ist nicht nur im Sommer einen Besuch wert, im Frühling oder Herbst lassen sich von der einsamen Steganlage die Fuschler Wasservogelwelt und die zahlreichen Fischarten beobachten. Der **Fuschlsee** erzielt laufend den Salzburger Spitzenplatz bei der Bewertung der Wasserqualität.
Wieder auf dem gut befestigten Weg folgt mit der Querung der Moorwiesen ein besonders schöner Abschnitt. Auf der anderen Seite der Wiese trifft die Route auf eine schmale Straße, die nach rechts zur **Hundsmarktmühle** weiterführt. Wenige Meter vor der Hundsmarktmühle zweigt der Weg Nr. 4 abermals nach rechts ab und trifft nach einem kurzen Waldstück auf das steile Seeufer. Nach 20 Gehminuten an der höchsten Stelle des Uferweges angelangt, bleibt die Rundwanderung auf dem breiten, für ein kurzes Stück unmarkierten Weg, der geradeaus in den Wald weiterverläuft. Schon 200 Meter weiter, bei der nächsten Spitzkehre, taucht wieder ein Hinweisschild mit der Route 12 auf, die zurück in das **Stille Tal** führt. Dort angelangt geht es nach links am Müllnerbach entlang zur Hundsmarktmühle, deren eigentümlicher Name auf die früher übliche Jagd mit Hunden verweist.
Lorenz Hübner schreibt 1792 über die Jagd in Fuschl: „... wurden dann die Hirsche in den See getrieben und in Schiffen verfolgt ...". Die 1570 erstmals urkundlich erwähnte Hundsmarktmühle ist zu einem Heimatmuseum umgebaut worden, in dem es viel zu

Marmorkugeln

entdecken gibt. Sogar eine kleine **Kugelmühle** wurde errichtet und erinnert an die Zeit, als die Salzburger Marmorkugeln beinahe so bekannt und verbreitet waren wie heutzutage die Salzburger Mozartkugeln. Den Abschluss der Runde bildet wieder jener Weg, der dem **Müllnerbach** in Fließrichtung durch die geschützte Moorlandschaft folgt.

Birken sind genügsame Bäume, die auch auf nährstoffärmeren Böden gedeihen. Deshalb kommt vor allem die genügsame Flaumbirke *(Betula pubescens)* von Natur aus in mineralstoffarmen Mooren, Moorwäldern und Birkenbruchwäldern vor.
Auf geschwächten Bäumen siedelt sich häufig der auffällige **Birkenporling** *(Piptoporus betulinus)* an. Er lebt sowohl parasitisch (auf lebenden) als auch saprophytisch (auf abgestorbenen) Ästen und Stämmen der Moorbirke. Die Fruchtkörper dieses Pilzes wachsen zunächst zungenförmig aus dem Holz und bilden dann 10 bis 30 cm breite Hüte, die über einen kurzen, gekrümmten Stiel mit dem Baum verbunden sind und ähnlich wie Konsolen aussehen. Die Oberfläche der Hüte ist zunächst weiß, mit zunehmendem Alter ist sie grau- bis zimtbraun gefärbt. Die Fruchtkörper können mehrere Jahre auf den Bäumen bleiben, auch auf liegenden Stämmen vermögen sie noch weiterzuwachsen. Das Fleisch dieses Pilzes wird rasch zäh, sodass er als Speisepilz nur bedingt geeignet ist.

6. DÜRRNBERG
Salz im Wandel der Zeit

Von den Kelten bis zu den Salzburger Erzbischöfen war das Dürrnberger Salz wesentlicher Bestandteil der wirtschaftlichen Erfolgsgeschichte des Landes. Die Rundwanderung von Hallein auf den Dürrnberg folgt den alten Spuren. Interessant ist aber nicht nur die Geschichte des jahrhundertelangen Abbaues, sondern auch die Frage, wie das Salz in den Berg kam.

ROUTE: Hallein–Knappensteig–Bad Dürrnberg–Keltendorf–Wallbrunnrundweg –Raingraben–Hallein.

Anfahrt: Auf der Salzachtal-Bundesstraße nach Hallein. Ein großer Parkplatz befindet sich auf der Pernerinsel.

Gehzeit: 2,5 bis 3 Stunden. Unkomplizierte, anschauliche Familienwanderung, die auch leicht verlängert werden kann.

Höhenunterschied: 330 Meter.

Karte: f & b WK 392.

Einkehr: Zahlreiche Gasthöfe in Hallein und Bad Dürrnberg.

Obwohl 1989 die Einstellung der Sole- und Salzproduktion erfolgte, ist die alte **Salinenstadt Hallein** auch heute noch untrennbar mit der Geschichte des Salzes verbunden.

Bereits der mögliche Ausgangspunkt, die **Pernerinsel** inmitten der Salzach, wird unübersehbar von den ehemaligen Salinenbauten geprägt. Die leerstehenden Hallen, in denen früher Salz bis zum verbrauchsfertigen Endprodukt verarbeitet wurde, werden nun fallweise kulturell genutzt. Vom alternativen Tanztheater bis zu Aufführungen der Salzburger Festspiele reicht der Bogen jener Institutionen, die im leicht morbiden Ambiente der Räume einen idealen Rahmen finden und den alten Hallen neues Leben einhauchen.

Das **Keltenmuseum** gegenüber erlaubt einen umfassenden Einblick in die Geschichte des **Dürrnberges** und liefert den idealen Hintergrund für die Schätze, die sich entlang der kleinen Wanderung auftun. Es vergeht kaum eine Grabungssaison, in der nicht ein neuer wichtiger Fund gelingt. Fragen sind erlaubt und machen die Zeitreise zu den Fundorten der Schnabelkanne (1932 bei der Hexenwand entdeckt) und des „Mannes im Salz" (1573 und 1616 im Freudenbergstollen gefunden) noch spannender!

Blick auf Bad Dürrnberg, die Barmsteine und den Götschen (links).

SALZ

Das Salz hat sich zur Zeit des Ober-Perm vor etwa 250 Millionen Jahren gebildet. Es wurde bis gegen Ende des 20. Jahrhunderts aus dem so genannten **„Haselgebirge"** durch Laugung, seltener durch bergmännischen Abbau gewonnen. Das Wort Haselgebirge leitet sich vom keltischen Wort „hals" ab, was soviel wie „Salz" bedeutet. Haselgebirge stellt eine Mischung aus Salz-Ton und Anhydrit (wasserloser Gips) dar. Unter Einwirkung des Gebirgsdruckes hat das Salzgebirge die Eigenschaft, plastisch zu werden. Salz verformt und faltet sich, dringt in Hohlräume ein und erfüllt so auch die alten Grubenbauten.

Weltweit bekannt ist der Fossilreichtum der Hallstätter Kalke, wie beispielsweise die Unzahl an **Ammoniten**, einer beschalten, ausgestorbenen Tintenfischgruppe.

Der Reichtum und die Schönheit der erzbischöflichen Residenzstadt Salzburg wären ohne das Salzvorkommen kaum denkbar. Die Erzbischöfe waren 800 Jahre lang, bis zum Ende ihrer Macht 1803, die Salzherren.

Bereits in vorgeschichtlicher Zeit wurde am **Dürrnberg bei Hallein** Salz im Trockenbau als Kernsalz gewonnen. Die salzhaltigen Quellen (Quellsole) wurden schon von den Jägern der Steinzeit 2500 bis 2000 v. Chr. genutzt. Diverse Fundstücke (Rüstholz, Fellreste, Leder, zerbrochene Holzgeräte, Äxte) aus dem „Heidengebirge" beweisen dies.

Durch die Klimaverschlechterung Ende der Bronzezeit benötigte man Salz zur dauerhaften Lagerhaltung von tierischen Produkten, die Nachfrage nach dem „Weißen Gold" stieg. Dies führte zur planmäßigen Erschließung der Salzlagerstätte, um Kernsalz zu gewinnen.

Die Erschließung der Salzlager am Dürrnberg hatte um die Mitte des 6. Jahrhunderts v. Chr. eingesetzt. Zu jener Zeit besiedelten die Kelten Mitteleuropa und schufen den La-Tène-Stil, der bis in die Zeit um Christi Geburt die Kultur prägte.

Spätestens im 3. Jahrhundert kam es zu größeren Abwanderungen, die auch den Dürrnberg erfasste. Der Rückgang der Salzproduktion auf dem Dürrnberg hing vermutlich mit dem Verlust von Absatzmärkten zusammen. Das Ende der Salzproduktion auf dem Dürrnberg fällt mit dem Beginn der römischen Herrschaft zusammen. Um 15 v. Chr. wurde das keltische Königreich Norikum dem Römischen Reich einverleibt.

Um 1185 wurde die Produktion auf dem Dürrnberg erneut aufgenommen. Anstelle des prähistorischen Abbaues von Kernsalz trat das Laugverfahren.

Zu Beginn des 16. Jahrhunderts, zur Blütezeit des Salzbergbaus, kam es zur Holzverknappung, sodass sich Erzbischof Matthias Lang gezwungen sah, 1524 eine umfassende Waldordnung für Salzburg zu erlassen. Durch die steigende Salzproduktion in der Saline Hallein mussten bereits im 16. Jahrhundert Hölzer aus dem Oberpinzgau getriftet werden, weil der Waldbestand des Pongaus nicht mehr ausreichte. Um 22.000 t Salz zu erzeugen, benötigte man im Jahr 1530 130.000 m^3 Holz. Diese Menge entspräche einem Holzstoß von 2 m Höhe und 1,2 m Breite, der nicht weniger als 54 km lang wäre. Im Jahr 1532 musste eine neue Bergordnung erlassen werden, um den Raubbau an den Wäldern zu verhindern. Aber die Salzproduktion stieg. Im Jahr 1590 wurden sogar 37.000 t Salz erzeugt. Unser Holzstoß hätte bereits eine Länge von 98 km erreicht. Das Hollersbachtal war zur damaligen Zeit zur Gänze kahlgeschlagen.

Ein guter Orientierungspunkt ist die weithin sichtbare Stadtpfarrkirche, in der **Franz Xaver Gruber**, der Komponist des weltberühmten „Stille-Nacht-Liedes“, wirkte und dem auch gleich gegenüber ein Museum gewidmet ist. Nächster Anhaltspunkt ist das Halleiner Gymnasium, das linker Hand dem Bachverlauf folgend erreicht wird. Hier stand einst das prachtvolle **Augustiner-Kloster**, bevor es 1943 ein Raub der Flammen wurde. Knappensteig und Kreuzweg sind nun angeschrieben, das erste Wegstück folgt noch einer steilen Zufahrtsstraße. An jener Stelle, wo der 1631 vollendete **Wolf-Dietrich-Stollen** ans Tageslicht kommt, werden sich vermutlich viele Salzburger wehmütig an die Zeit erinnern, als hier nach langen Rutschen und rasanten Fahrten mit dem Grubenhunt die Zwischenstation einer einmaligen Bergfahrt war. Leider passierte während dieser Begehungen im Inneren des Berges auch manches Unglück, sodass heute Ein- und Ausfahrt auf dem gleichen Niveau in Bad Dürrnberg liegen. Besuche im **Salzbergwerk am Dürrnberg** haben eine lange Tradition: Bereits seit 1640 sind in einem Gästebuch Bergwerksbesuche vermeldet; ein eigener Erlaubnisschein war allerdings die Voraussetzung. Heute geht es einfacher und ein Besuch im Salzbergwerk ist nach wie vor ein eindrucksvolles Erlebnis.

Der Knappensteig, der schon 1598 angelegt wurde, verläuft nach rechts entlang der Wand und gelangt nach vielen Stufen wieder auf eine Wiese. An dem verschlossenen Eingang vorbei, der in den besonders salzreichen **Johann-Jakobberg-Stollen** führt, wird der Weg wieder steiler und überquert die neue Dürrnbergstraße.

Eine moderne Eingangskonstruktion verweist auf das sehenswerte Salzbergwerk. Wer aber doch lieber über Tag bleibt, sollte sich zumindest das **Keltendorf** gegenüber nicht entgehen lassen.

Variante Wallbrunnweg:
An die Zeitreise durch das Keltendorf könnte sich eine wenig bekannte, knapp einstündige Rundwanderung anschließen. In dieser Hügellandschaft, die der **Wallbrunnweg** erschließt, liegt das Reich der **Dürrnberger Kelten**: Da ein Grabhügel, dort ein idealer Platz für einen keltischen Hof oder mystischen Weiheort, der Fantasie sind keine Grenzen gesetzt.
Unmerklich wechselt der Wallbrunnrundweg plötzlich die Seite und befindet sich auf bayrischem Staatsgebiet. Ein Problem, das in Zeiten der EU glücklicherweise keines mehr ist: Die unterhalb verlaufenden Salzschichten halten sich nicht an Staatsgrenzen und das führte zu massiven Verstimmungen zwischen Salzburg und Bayern. Erst 1829, nach 200 Jahren andauernder Streitigkeiten, sorgte die Salinenkonvention zwischen Österreich und Bayern für Frieden und Ordnung.
Wegverlauf: Man verlässt das Keltendorf über den oberen Ausgang und folgt dem schmalen Pfad, der den **Kotbach** nach rechts überquert. An einem Bauernhof vorbei überquert der Weg mäßig ansteigend eine Wiese, durchstreift den Wald und verläuft über den **Kranzbichlhof** wieder zurück zur Wallfahrtskirche. Der Abstieg zur Kirche erfolgt kurz vor dem Kranzbichlhof über den steilen **Georgenbergsteig**, der an dem längst verschütteten Freudenbergstollen vorbeiführt, in dem der legendäre „Mann im Salz" gefunden wurde. Nur 1573 und dann noch einmal im Jahr 1616 gelang ein derartiger Sensationsfund, der Ludwig Ganghofer als Vorbild für seinen Historienroman „Der Mann im Salz" diente. Wie die Wirklichkeit aussah, davon berichtet eine der frühesten Geschichtswerke des Landes, die 1666 gedruckte Salzburger Chronik des Halleiner Pflegers Franz Dückher: „... Anno 1573 hat man aus dem Dürrnberg ein vollkommen Mann mit Haut, Fleisch und Haar außgehauen. Er ist an Haut und Fleisch gelb wie ein geselchter Stockfisch gewesen und im haissen Sommer etlich Wochen lang bei der Kirchen gelegen ehe er zu faulen angefangen ..."

Wieder zurück vor der Fassade der **Wallfahrtskirche Maria Dürrnberg**, für die der Dombaumeister Santino Solari verantwortlich zeichnet, wird augenscheinlich, dass es um den berühmten Sakralbau gar nicht gut steht. Der marmorähnliche, rötliche Kalkstein des Kirchberges zeigt nach beinahe 400 Jahren unübersehbare Spuren des Zerfalls.

Wallfahrtskirche Maria Dürrnberg.

Die Kirche am Dürrnstein wurde aus rotem **Hallstätterkalk** gebaut. Aus Hallstätterkalk (Schreyeralmkalk) stammt auch das Skelett eines der ältesten Ichthyosaurier der Welt. Dieser Fischsaurier war noch ein langsamer Schwimmer und fraß hartschalige Tiere wie Muscheln, Schnecken und Brachiopoden, wozu seine stumpfen, halbkugelförmigen Knackzähne bestens geeignet waren. Das Skelett ist im Heimatmuseum in Golling ausgestellt.

An der besonders arg verwitterten Südfassade vorbei, hier liegen Steinbruch und fertig bearbeitetes Endprodukt nur wenige Meter auseinander, führt der Weg zur ehemaligen Bergstation der im Jahre 2001 stillgelegten **Salzbergbahn**. Ein Fußweg führt Richtung Süden an der Kuranstalt St. Josef vorbei zum **Römersteig**. Ganz in der Nähe am Hallersbühel nächst Moserstein und Kurgelände muss ein alter keltischer Brandopferplatz liegen, wie die vielen aufgefundenen Tierknochen und die Asche vermuten lassen. Auch eine kleine salzhaltige Quelle tritt hier an die Oberfläche. Über den **Glannerbergweg** führt der Weg in den steilen **Raingraben** (Weg 214), in dem sich viele feuchtigkeitsliebende Pflanzen angesiedelt haben. Auf Höhe des Wolf-Dietrich-Stollens trifft der **Grabensteig** wieder auf den bekannten Weg, der zurück nach Hallein führt.

7. DER GEORGENBERG BEI KUCHL

Eine bemerkenswerte Konglomeratinsel

Der Georgenberg ist eine der ältesten Siedlungs- und Kultstätten des Landes und verdankt seine Entstehung dem zwischeneiszeitlichen Schotter, der später zu Konglomerat („Nagelfluh“) verfestigt wurde. Seit zumindest 4000 Jahren ununterbrochen bewohnt, gibt er den Altertumsforschern so manches Rätsel auf. Als Wanderziel ist er eine einfache Tour, im Gegensatz zum zweiten Teil der Wanderung, der einsamen Route 18 über Oberlangenberg.

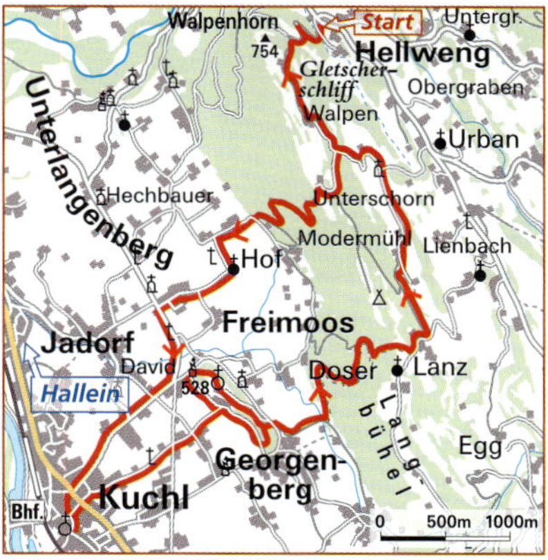

ROUTE: Kuchl–Georgenberg–Langenbühel–Hof Lanz–Hof Unterschorn–Hof oder Modermühl–Freimoos–Georgenberg–Kuchl.

Anfahrt: Auf der Salzachtal-Bundesstraße nach Kuchl. Parken im Ort. Sehr gute Bus- und Bahnverbindung.

Gehzeit: 4 Stunden. Zum Georgenberg hin und zurück 1 Stunde einfach und unproblematisch. Der Weg 18 über Oberlangenberg erfordert Orientierungsvermögen.

Höhenunterschied: 350 Meter.

Karte: f & b WK 392.

Einkehr: Gasthöfe im Ort Kuchl.

Schon die Römer errichteten mit *„Cucullae“* eine ihrer vielen Stationen entlang der **Römerstraße** in der Gegend von Kuchl. Noch heute trägt die Verbindung zwischen dem **Fluß Taugl** im Norden und dem **Markt Kuchl** die Bezeichnung Römerstraße und ihr Verlauf könnte dem 2000 Jahre alten Original entsprechen. Nur die so genannte Römerbrücke, die das tiefeingefräste Bachbett der

Taugl an einer der engsten Stellen überspannt, hätte nicht den römischen Vorstellungen entsprochen: Die Römer waren großartige Straßen- und auch Brückenbauer, aber nach Möglichkeit suchten sie sich doch lieber seichte Furten zur Durchquerung der Gewässer aus. So auch an der **Taugl**, wo sich einen Kilometer südwestlich der Römerbrücke eine ideale Möglichkeit dazu bot.

Blick vom Walpenhorn Richtung Tennengebirge.

TAUGLGRIES

Dieser Flussabschnitt ist im Sommer ein großartiges, zumeist von den Einheimischen benutztes Naturbadegebiet! Stromschnellen, Felsenspringen, Rutschpartien ... finden sich in diesem natürlichen „Erlebnisbad". Die gewaltigen Steinplatten am Ufer eignen sich als Liegefläche, gerade richtig nach der langen Tour zwischen Georgen- und Oberlangenberg.

Auch ein kleines **Naturschutzgebiet** gibt es hier, um dem selten gewordenen Flussregenpfeiffer ideale Lebensbedingungen zu bieten. Auf dieser extra ausgewiesenen Schotterfläche herrscht zwischen 1. April und 31. Juli „Betreten verboten", was unbedingt beachtet werden sollte. Den Flussregenpfeiffer, er brütet in den Schotterbänken natürlicher Flusslandschaften, gibt es außer an der Taugl nur mehr an Sekundärstandorten im Land Salzburg. Aber auch die seltene Wasseramsel fühlt sich hier (noch) wohl und drei vom Aussterben bedrohte Käferarten wurden nachgewiesen.

Der gut einen Kilometer lange und 60 Meter hohe Konglomeratrücken nordöstlich von Kuchl ist so auffallend, dass sich Wegschilder mit der Aufschrift **Georgenberg** fast erübrigen. Ziemlich parallel führen drei Varianten an den Berg, von denen der Weg 2, der an der Raiffeisenkasse vorbei auf den Reitclub trifft, der beliebteste ist. Die Reitanlage befindet sich in geschützter, sonniger Lage unterhalb der steil aufragenden Felswände. Die unzugänglichen Felswände mit vielen Nischen und Höhlen bieten ideale Nistplatzbedingungen für eine Vielzahl an Vogelarten.
Um den schmalen Berg der Länge nach kennen zu lernen, empfiehlt sich der Aufstieg von der Nordseite. Von der Reitanlage führt der Weg linker Hand am Berg entlang. Die vielen Felsspalten und Höhlen sind nicht nur ein ideales Gelände für die Tierwelt, sondern auch ein brauchbares Terrain für bäuerlichen Hausrat und für sagenhafte Geschichten. Hinter einem Trafohäuschen, wo das Schild „Naturdenkmal Georgenberg" steht, schlängelt sich ein kleiner Steig empor und gibt Einblicke in den geologischen Aufbau des Georgenberges frei. Bald taucht die **Georgskirche** mit ihrer marmornen Außenkanzel auf. Dieser einzigartige Platz ist seit über vier Jahrtausenden beinahe ununterbrochen besiedelt!

Der Georgenberg ist wie der Mönchs- und Rainberg, der Hellbrunnerberg und der Westteil des Morzger Hügels ein Überrest der **Mindel-Riß-Interglazialzeit**. Nach dem Abschmelzen des mindelzeitlichen Salzach-Gletschers bildete sich im Zungenbecken der sogenannte „Salzburger See" (530 m Seehöhe). In diesen See verfrachteten die Flüsse aus der Osterhorngruppe gewaltiges Schottermaterial und füllten ihn teilweise auf. Als der See langsam abfloss, wurden die Schotterkörper von den verwilderten Nebenästen der Salzach zerschnitten und durch die nachfolgenden Gletschermassen der folgenden Kaltzeiten weitgehend ausgeräumt.
Die Deltaschotter bei St. Nikolaus (Torren) haben eine ähnliche Entstehung, nur entstammen sie der Riß-Würm-Zwischeneiszeit, dem so genannten „Gollinger See" (490 m Seehöhe). Demgegenüber stehen die niedrigeren Höhen der Riß-Endmoränen im Raum Gilgenberg-Hochburg mit 470 Höhenmetern. Wenn auch keine großen Abtragungen in dieser Zeit stattfanden, so muss

man doch die Ausgleichsbewegungen mit berücksichtigen, die durch die Entlastung des Gebietes nach dem Abschmelzen des Eises erfolgte; auf Grund des geringeren Druckes kam es zu Hebungen des Bodens.

Vom Georgenberg aus in Blickrichtung Westen sieht man westlich der Ortschaft Kuchl die **Oberalmer Kalke** der Gegend „Weißenbach" und die darüber aufragenden Berge, die sich aus grauem Schrambach-Mergel und darüber folgenden Roßfeldschichten (Hahnenkamm) zusammensetzen. Darauf lagert der Ahornbüchsenkopf, welcher aus **Hallstätter Kalken** besteht.

Etwa 4 km im Nordnordwesten kann man die **Toma-Landschaft** des Vigauner Bergsturzes sehen. Zwischen Vigaun und Salzach befinden sich in dem Waldstück das Bergsturzmaterial, welches nach des Eiszeit vom Gebiet der Raspenhöhe abgegangen ist. Ein wenig weiter im Westen kann man das berühmte Hallstätter

Triasgebiet von Dürrnberg bis Hallein sehen sowie seine Ummantelung aus Barmsteinkalk. (Schön zu erkennen in den beiden Barmsteinen sowie den Unterkreideschichten, welche den Westflügel der Kreidemulde darstellen.)

Blick auf den Georgenberg mit dem geschützten Landschaftsteil „Freimoos", im Hintergrund das Göllmassiv.

KLEINE BESIEDELUNGSGESCHICHTE DES GEORGENBERGES

Der **Georgenberg** ist zumindest seit der Jungsteinzeit (4000–1900 v. Chr.) besiedelt, aus dieser Epoche gibt es schöne Bodenfunde. Die Kelten errichteten hier in geschützter Lage eine gut befestigte Kleinstadt. Ein Blick auf die *„Tabula Peutingeriana"*, die nach einer aus dem 4. Jahrhundert stammenden Straßenkarte kopiert wurde, zeigt die römische Straßenstation *Cucullis* und das beigefügte *Castellum* verweist auf eine Höhensiedlung.

Der heilige Severin kam in der zweiten Hälfte des 5. Jahrhunderts tatsächlich in Kuchl vorbei. Eugippius erwähnt den großen Reisenden in seinen Berichten.

Es wurden nicht nur Reste römischer Befestigungsmauern beim östlichen Aufgang gefunden, sondern auch die Grundmauern einer spätrömischen Kirche beim Chor der **Georgskirche**. Die schöne **Severinlinde**, an der einer der Wege vorbeiführt, trägt ihren Namen also zu Recht. Die Kirche, in der nur noch fallweise Gottesdienste abgehalten werden und die meistens versperrt ist, hat ein spätgotisches Netzgewölbe und eine schöne Westempore aus dieser Epoche. Der Turm und die Außenkanzel stammen aus dem 17. Jahrhundert.

Der Spaziergang über den **Georgenberg** wäre ohne Abstecher auf den Südteil nicht vollständig. Der Weg folgt kurz der asphaltierten Zufahrt, bleibt dann aber auf dem Bergrücken. Anders als auf der Nordseite, wo Fichten dominieren, gedeihen hier die wärmeliebenden Föhren. Der Rücken wird immer schmäler und auf beiden Seiten von steilen, mit Schichthöhlen durchzogenen Nagelfluhbänken begrenzt. Der schmale südseitige Abschluss gibt einen eindrucksvollen Tiefblick frei, Vorsicht ist angebracht!

Wieder auf der asphaltierten Zufahrt geht es in das Becken hinunter und dort am Georgenberg entlang nach rechts. Bald taucht ein baufälliges, schmales Häuschen auf, von dem ein kaum erkennbarer Feldweg an einem kleinen Sägewerk vorbei auf die andere Wiesenseite an den Fuß des **Langenbühels** führt. Schon von weitem ist ein roter Markierungspunkt zu sehen, was auf dem Weg Nummer 18 leider eine Seltenheit ist. Der Wegverlauf ist aber trotz allem gut zu erkennen und abwechslungsreich. Immer

wieder tauchen Felsbänke aus Barmsteinkalk und Hochebenen auf, ideal für Ausflüge mit Kindern. Bei den **Höfen von Lanz** benutzt der Weg 18 kurz die Zufahrtstraße, zweigt aber gleich wieder bei dem schönsten der Höfe, einem Tennengauer Einhof mit der Hausnummer 7, nach links ab. Die blau gestrichene Kapelle ist zwar anziehend, aber der Weg 18 zweigt knapp vorher in den Wald ab. Sehr schön sind hier und bei anderen Höfen die aufgeschlichteten Steinzäune zu sehen. Mit großem Arbeitsaufwand werden die Steinbrocken aus den Feldern getragen und oft zwischen bestehenden Bäumen als steinerner Grenzwall errichtet, der Schutz für das Weidevieh bietet oder zusammen mit nachwachsenden Hecken einen wertvollen Lebensraum für verschiedene Kleintiere schafft.
Zwanzig Minuten führt der kaum markierte Weg durch den Wald, überwindet dabei einen Zaun und gelangt kurz vor dem **Hof Doser** wieder auf eine Zufahrt. Diese sonnige, schmale Straße führt leicht bergan, bis bei einer freistehenden **Kapelle der Familie Lienbacher** und der anschließenden Weggabelung der höchste Punkt (750 Meter) der Wanderung erreicht ist. Über den links abwärts führenden Weg Richtung Norden geht es an einem renovierten Hof vorbei, bis kurz darauf die nächste Weggabelung auftaucht.

Variante Gletscherschliff St. Koloman

Geradeaus ist die Route 85 angeschrieben. Passen Kondition und Interesse an eiszeitlichen Besonderheiten, lädt sie zu einem gut

einstündigen Abstecher zu den **Gletscherschliffen bei St. Koloman** ein. Leider ist auch diese Variante nur teilweise beschildert, aber trotzdem gut zu finden. Der Weg entlang der Zufahrt zum Hof Walpen ist noch eindeutig, danach geht es auf dem Feldweg weiter, der immer mehr an den rechten Waldrand drängt, bis ein Viehgatter den weiteren Verlauf angibt. Der breite Waldweg führt 100 Höhenmeter abwärts, bis die St. Kolomaner Landesstraße auftaucht. Entweder auf dieser oder über den Riedel vorher nach rechts befindet sich der größte europäische Gletscherschliff ein paar Minuten oberhalb. Beim Bau der Landesstraße wurde der eindrucksvolle Gletscherschliff freigelegt und zum Naturdenkmal erklärt.

DER GLETSCHERSCHLIFF BEI ST. KOLOMAN
Er ist eines der größten derartigen Gebilde Salzburgs in dieser Seehöhe (ca. 800 m). Entstanden ist der geologisch wertvolle Gletscherschliff vor rund 18.000 Jahren unter einer 700 Meter dicken Eisschicht, die sich täglich ein bis zwei Meter nach Norden Richtung Adnet bewegte.

Auf dem gleichen Weg wieder zurück bis zur Weggabelung geht es leicht abwärts zum nur wenige Minuten entfernten **Hof Unterschorn**. Noch vor dem Hof führt der Weg über den Zaun geradeaus weiter und quert die unterhalb gelegene Streuobstwiese. Auf der anderen Wiesenseite befindet sich eine Steinmauer und an ihrem nördlichen Ende ein verwaschener roter Markierungspunkt. Jetzt, wo der Steig wieder eindeutig zu erkennen ist, werden die roten Wegtäfelchen mit der Zahl 18 häufiger. Diese Runde bereitet zwar manchmal Kopfzerbrechen, aber vielleicht fördert gerade das Wegsuchen die Freude an den vielen versteckten Naturschönheiten. Bereits wieder im Talboden, wo der Georgenberg nur noch angepeilt werden muss, liegt südlich des Weges mit dem **Naturschutzgebiet Freimoos** ein weiteres Naturjuwel.

DAS FREIMOOS
Es handelt sich dabei um Feuchtwiesen inmitten intensiv bewirtschafteter Wiesen zwischen dem Georgenberg und dem Unterlangenberg in der Gemeinde Kuchl. Als Besonderheit der Fläche gilt, dass sie mehrmals im Jahr überschwemmt wird und seltene Pflanzenarten wie die Sibirische Schwertlilie, die Europäische Trollblume und verschiedene Sauergräser beheimatet.

8. WINNERFALL
Zurück zu den Quellen

Am Nordrand des Tennengebirges treten viele Karstquellen ans Tageslicht. Die Quelle des Schwarzenbaches spielt aber eine ganz besondere Rolle. Nur nach starken Regengüssen oder während der Schneeschmelze führt der Winnerfall Wasser. Dann ist er sicherlich der Höhepunkt der Mühlenrundwanderung in Oberscheffau.

ROUTE: Oberscheffau–Gasthof Engelhardt–Winnerfall–Alte Mühle–Gasthof Engelhardt.

Anfahrt: Durch das Lammertal nach Oberscheffau, wo sofort nach der Lammertalbrücke der Weg Richtung „Winnerfall, Alte Mühle" abzweigt. Parkplätze in der Nähe der Gaststätte Engelhardt.

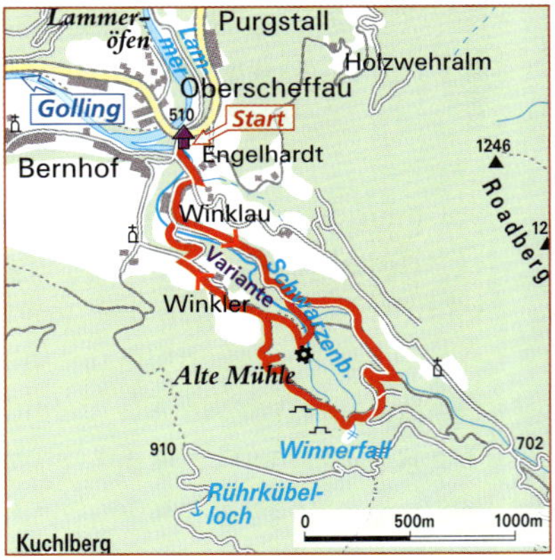

Gehzeit: 2 Stunden. Ideale Familienwanderung mit hohem Erlebniswert.

Höhenunterschied: 200 Meter.

Karte: f & b WK 392.

Einkehr: Engelhardtwirt, Lammerklause.

Für viele Erdteile ein Luxusartikel, fließt am nördlichen Rand des Tennengebirges reinstes Trinkwasser den Bach hinunter. In dieser Gegend gibt es mit dem **Scheffauer Mühlenweg** eine „berauschende" Route, auf der jeder Wanderer seine ganz persönliche Wertschätzung dem Wasser gegenüber entdecken kann. Der Quellbach treibt nicht nur das Rad der **Alten Mühle** an, er zieht durch die ständigen Verwandlungen seine Wegbegleiter unweigerlich in den Bann. An einer besonders schönen Stelle steht unter anderem auf einem Felsen der Satz zu lesen: „Geh weida, nimm da Zeit". Am Bach sitzend kommt mit der Zeit wirklich vieles von selbst ins Fließen.

Wasser ist grenzüberschreitend. Deswegen wurde der Scheffauer Mühlenrundweg aus Euregiomitteln unterstützt. Es könnte auch ein Gedankenanstoß sein, dem Wasserfluss zu folgen und das Gebiet „jenseits der Grenzen" kennen zu lernen.

Informationstafeln vor dem Winnerfall.

Vor mehr als 200 Millionen Jahren war das gesamte Gebiet noch ein anmutiges Riff- und Lagunengebiet unter subtropischer und tropischer Sonne. Im Laufe der Gebirgsbildung wurden die Gesteine, die etwa in der geographischen Höhe von Oberägypten und des Sudans abgelagert wurden, bis hierher nach Norden geschoben, verfaltet und hochgehoben.

Der **Mühlen-Rundwanderweg** ist mit einem kleinen, grünen Mühlrad gekennzeichnet. Von der Gaststätte Engelhardt verläuft der Weg über eine Wiese zu den mächtigen Ahornbäumen am Lichtungsrand. Ein Baumlehrpfad wurde eingerichtet, an herausragenden Beispielen unserer wichtigsten Baumarten besteht hier kein Mangel. Nun folgt der breite Weg für lange Zeit dem **Schwarzenbach**, lässt die Alte Mühle einstweilen noch rechts liegen und führt mit kurzem Höhenanstieg hinüber zum **Naturdenkmal Winnerfall**. Dort wartet an heißen Sommertagen eine große Überraschung: Wo tosendes Wasser sein sollte, ist es staubtrocken. Der Winnerfall hat seine beste Zeit zur Schneeschmelze oder nach Gewittergüssen, er ist nämlich der Überlauf der nahen Schwarzbachquelle. Wann ergibt sich andererseits schon die Gelegenheit, einem Wasserfall auf den blanken Grund zu schauen? In diesen längeren Trockenphasen finden die Höhlenforscher Zugang in das unterirdische Reich im Tennengebirge. Sie klettern dann direkt über den blanken Fels oder den steilen Pfad am rechten Rand zu jener Stelle, wo sich nach starken Regengüssen oder zur Zeit der Schneeschmelze ungeheure Wassermassen aus dem Berg zwängen. Gerade dort befindet sich der Eingang in die **Frauenhöhle**.

1911 wurde diese Tennengebirgshöhle von Alexander von Mörk erstmalig begangen. Im Eingangsbereich kommt es zu Eisbildungen. Nach 640 Metern Gang wird die Höhle durch einen Siphonsee abgeschlossen. Das noch nicht gänzlich erforschte Höhlensystem wird zudem von Fledermäusen bewohnt und wurde zum Naturdenkmal erklärt.

Der **Mühlenrundwanderweg** führt als rot markierter Weg 52 weiter über einen Holzsteg zum nächsten Höhepunkt, der dauernd sprudelnden **Schwarzenbachquelle**.

Auf dem Weg zur Schwarzenbachquelle.

Der **Schwarzenbach** fließt ganzjährig, denn die Regen- und Schmelzwässer des Tennengebirgsplateaus sickern in das Innere des Berges, bis sie auf jene wasserundurchlässige Schicht treffen, die die ungeheuren Wassermassen nach Norden hin ableitet. Daher befinden sich alle wichtigen **Tennengebirgsquellen** am Nordrand. Wenn der Wasserspiegel bei starkem Regen oder zur Schneeschmelze im Inneren des Berges das höherliegende Niveau der Winnerfallhöhle erreicht, tritt dort das Wasser aus.
Die größten Wassermengen treten im Quellbezirk Scheffauer Schwarzenbach-Winnerfall aus. Die Gesamtschüttung aller im Südosten von Oberscheffau entspringenden Quellen schwankt extrem zwischen 100 l/s und 15.000 l/s. Danach sind die Quellgruppe Tricklfall-Dachserfall und der Quellbezirk am Paß Lueg zu nennen. Bei Niederwasserstand liegt der Austritt des Winnerfallhöhlen-Siphons in 650 m Seehöhe (am höchsten ist der Große Siphon Brunneckerhöhle-Bierloch gelegen: 716 m Seehöhe). Bei Hochwasser treten die Karstwässer in über 700 m Höhe aus. Der Karstwasserkörper ist bei hohem Pegelstand über eine Distanz von 10 km hinweg (Brunneckerhöhle-Dachserfall) auf ein einheitliches Niveau gestaut.

Nun ist der höchste Punkt der Wanderung überschritten und über einen leicht abfallenden Waldweg geht es zur **Alten Mühle**, einer Getreidemühle, die bis 1958 von sechs Bauern aus Scheffau benutzt wurde. 1975 wurde sie zu einer voll funktionsfähigen Schaumühle ausgebaut. Heute präsentiert sich die Alte Mühle mit den gemütlichen Rastplätzen als Schmuckstück, das 1994 sogar einen Nachbarn erhalten hat. Die anschließende **Marmorkugelmühle** (in Betrieb an Sonn- und Feiertagen zwischen 10 und 17 Uhr) wurde nach alten Plänen errichtet, denn die Erzeugung von Marmorkugeln hat im Bundesland Salzburg eine lange Tradition. Die Mühlenroute überquert noch einmal den Schwarzenbach und trifft dabei auf die Winkler- und die Raidenmühle, aber außer alten Fundamenten ist nicht mehr viel zu sehen. Der Rückweg bleibt auf der linken Schwarzenbachseite, indem er bei der Weggabelung wieder die paar Meter aufwärts führt und gleich darauf am Rand einer Wiese über das Gehöft Winkler an den Ausgangspunkt zurückgelangt.

Kugelmühle am Schwarzenbach.

Nur einen Steinwurf entfernt, auf der anderen Seite der Lammer, beginnt der flussaufwärts führende Weg durch die phantastische Welt der **Lammeröfen**. Der gut befestigte, kostenpflichtige Steig nimmt etwa eine zusätzliche Stunde in Anspruch.

Besonders reizvoll sehen die Tautropfen auf der Gelben Becherflechte (Cladonia pleurota) aus. Flechten sind nur dann physiologisch aktiv, wenn ihr Lager entsprechend wasserdurchtränkt ist.

9. GAMSFELD
Logenplatz zum Dachstein

Über das Gamsfeld (2027 Meter) führt eine aussichtsreiche Wanderung für die konditionsstarken Geher. An seinem Fuß aber gibt es auch schöne, nicht allzu lange Erlebniswanderungen für die ganze Familie.

ROUTE: Rußbach–Traunwandalm–Gamsfeldgipfel– Angerkaralm–Rußbach.

Anfahrt: Ortszentrum von Rußbach. Der Parkplatz Rinnbach befindet sich weiter nördlich.

Gehzeit: 6 Stunden. Anspruchsvolle Bergtour mit einigen exponierten Stellen.

Höhenunterschied: 1200 Meter.

Karte: f & b WK 392.

Einkehr: Angerkaralm, Rinnbergalm.

Das **Gamsfeld**, der südlichste Eckpfeiler der Osterhorngruppe, ist eine herausragende Erscheinung. Wer aus Richtung Abtenau kommt, kann sich der Faszination des gerade 2000 Meter hohen Berges wohl kaum entziehen, der den idealen Postkartenhintergrund zur kleinen **Gemeinde Rußbach** abgibt. Auch die Ortschaft selbst ist Ausgangspunkt für einige sehr schöne Wanderwege und Spaziergänge in der näheren Umgebung.

Die **Gosau-Sedimente** haben ihren Namen von der klassischen Fundstelle in Gosau, Oberösterreich, erhalten, wo die Serie bis über 3000 Meter mächtig wird. Sie wurden vor 65 bis 90 Millionen Jahren in einem seichten tropischen Meer abgelagert und sind meist reich an Fossilien.
Gleich nachdem man vom Fallenegger Hof den Wald betritt, sind Gosau-Sedimente aufgeschlossen. Mit einem Hammer kann man hier leicht Reste einstiger Meeresbewohner herausklopfen. Es gibt eine Unzahl von Muscheln und Schnecken, auch schöne

Gipfelrast auf dem Gamsfeld.

Korallen kann man finden. Etwa 50 Minuten weiter gelangt man zur **Schneckenwand**. Hier ist alles voll von Actaeonellen, einer altertümlichen, großen Schnecke mit dem wissenschaftlichen Namen *Trochactaeon conicus*, die im Mündungsgebiet eines Flusses, der sich hier ins Meer ergoss, gelebt hatten.
Schneid- und Schleifmöglichkeit der eigenen Funde: Wolfgang Schwaighofer, 5442 Rußbach, Sag 88, Tel. 06242/265, Mi 16.00 –18.00 Uhr.

Extratour Jungbrunnenweg

Der neu geschaffene **Jungbrunnenweg** geht auf seiner 4,5 Kilometer langen Runde auf wild wachsende Heilkräuter, verschiedene Blumen und geschützte Orchideen genauer ein. Altbewährtes wird wieder in Erinnerung gerufen, wie das beinahe zum „Modekräutl" aufgestiegene Johanniskraut. Recht unscheinbar schaut *Hypericum perforatum* aus und bringt doch gute Ergebnisse bei der Behandlung von Unruhe, Schlafstörungen und Depressionen. Schon auffallender ist die Schafgarbe, die zum richtigen Appetit verhelfen und Krampfadern bekämpfen soll. Es gibt aber auch giftige Pflanzen, die auf den Übersichtstafeln rot ausgewiesen sind. **Wegverlauf:** Vom Gemeindeamt führt der Weg zunächst Richtung Norden, folgt gemeinsam mit der Route 203 ein Stück dem Rinnbach und zweigt nach ungefähr einem Kilometer bei einem Schaukasten nach links ab. Hier ist der Ausgangspunkt des Jungbrunnenweges, der circa zwei Stunden in Anspruch nimmt. Dazwischen gibt es den Berggasthof „Zum Hias", in dem Kräuterköstlichkeiten wie Brennnesselrahmsuppe kredenzt werden.

Eine Vielfalt an Spielmöglichkeiten findet sich am Jungbrunnenweg.

Eine weitere Entdeckungsreise im Gemeindegebiet von Rußbach führt zur so genannten Schneckenwand.

Extratour Schneckenwand

Dieser familienfreundliche Ausflug in die erdgeschichtliche Vergangenheit beginnt beim Gemeindeamt, führt dann am **Rinnbach** entlang nach Norden, zweigt aber kurz nach der Fahrverbotstafel nach rechts ab. Der Weg 209 folgt der Zufahrt zum Sonnhof (Fallenegg) und führt gleich danach in den Wald. Nun wird der Anstieg allmählich steiler, quert eine Forststraße und trifft auf einen Bach. Nach ein paar Minuten, in denen der Steig dem Bachbett folgt, ist die Schneckenwand erreicht. Als längere Variante für den Abstieg bietet sich der Forstweg an, der in einem weiten Bogen zuerst Richtung Osten, dann Richtung Norden auf den Weg 208 trifft. Auf diesem Weg geht es am **Randobach** entlang zurück nach **Rußbach**. Der Schneckenwandausflug nimmt insgesamt 2 bis 3 Stunden oder 4,5 bis 6 Kilometer bei einer Höhendifferenz von 330 Metern in Anspruch.

Gamsfeld

Auch der Weg 201 auf das **Gamsfeld** folgt ein kurzes Stück dem Güterweg Fallenegg. Nach einer Viertelstunde jedoch zweigt die Route nach links ab und folgt dem alten Almweg zur **Traunwandalm**. Der weitere Anstieg durch den Latschengürtel zieht sich steil und zügig bergan. Hochsommerliche Mittagshitze ist für diesen Sonnenhang nicht die ideale Voraussetzung, der Weg über die Traunwandalm hat vor allem im Spätherbst oder Frühsommer Saison. Die steile Phase hat dann ihr Ende, wenn der Weg auf den langgezogenen Rücken trifft und seine Richtung gegen Nordosten ändert. Je näher der Gipfel kommt, desto flacher wird das Gelände, die Bezeichnung Gamsfeld hat hier wirklich ihre Berechtigung. In südlicher Richtung allerdings brechen steile Schroffen ab, ein ideales Rückzugsgebiet für zahlreiche Gamsrudeln, die zwischen den Grasmatten und den unzugänglichen Felsnadeln hin und her wandern.

Auch der Abstieg hat seine genussvollen Seiten. Zunächst geht es ein Stück auf dem gleichen Weg zurück, nach einer Viertelstunde aber zweigt der Abstieg nach rechts in das **Angerkar** ab. Dieser manchmal steile Weg führt direkt zur **Angerkaralm** (1423 m), in der die Wanderer gerne bewirtet werden. Eine größere Alm mit einem umfangreicheren Angebot ist die **Rinnbergalm**, eine halbe Gehstunde entfernt, allerdings in einer Richtung, die einen größeren Umweg bedeutet. Der kürzeste Abstieg an den Ausgangspunkt wechselt hingegen bald nach der Angerkaralm die Grabenseite und führt über den Weg 202 dem Grabenverlauf folgend an den Rinnbach zurück.

10. DIE MARMORBRÜCHE VON ADNET

Marmorwege

Marmor und Fossilien – die gemütliche Runde auf dem Marmorlehrpfad gibt einen interessanten Einblick in die geologische Urzeit.

Anfahrt: Von Hallein auf der Wiestal-Landesstraße Richtung Ebenau. Schon nach wenigen Kilometern zweigt rechts die Ortszufahrt nach Adnet ab. Parken im Ort. Die Wanderung beginnt bei der Pfarrkirche. Bus: Kurs 3100 (von Hallein).

Gehzeit: 1 1/2 Stunden.

Höhenunterschied: Gering.

Karte: f & b WK 392.

Einkehr: Gasthäuser im Ortszentrum.

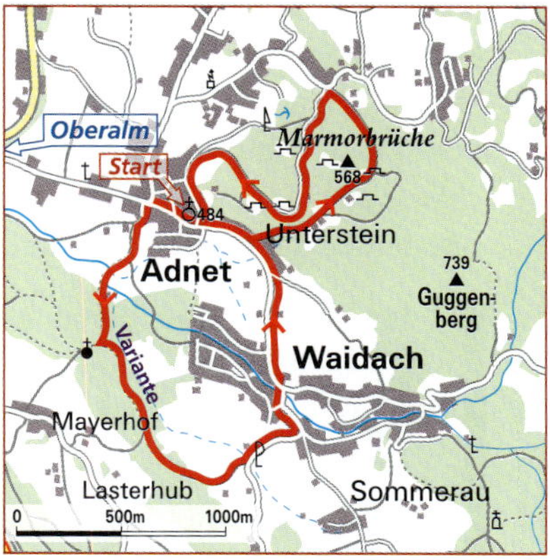

Marmormuseum: Das Adneter Marmormuseum befindet sich im Keller der Raiffeisenbank. Zugang vom Brunnenvorplatz an der Rückseite des Gebäudes. Öffnungszeiten: März bis Oktober mittwochs 17.00 bis 18.30 Uhr; an jedem ersten Sonntag dieser Monate von 10.30 bis 11.30 Uhr. Es werden auch Führungen durch die Marmorbrüche mit Besichtigung des Schmiedemuseums angeboten. Info: Fremdenverkehrsverband Adnet, Tel. 06245/80 625.

Salzburg hat eine weit zurückreichende Tradition, was den Abbau und die Verwendung von **Marmor** betrifft. Seine Farbenpracht machte den gut zu bearbeitenden Stein zum edlen Werkstoff und so fand er bei vielen bedeutenden Bauten – von der Festung Hohensalzburg über fast alle Kirchenbauten der Stadt bis zum Schloss Hellbrunn – Verwendung. Auch für Bildhauerarbeiten war dieser Marmor mit seinem warmen Rotton ein gefragtes Rohmaterial. Besonders die Baustile der Gotik und Renaissance steigerten die Nachfrage nach dem **Adneter Marmor**. Adnet war schon früh Sitz der Salzburger Steinmetze und Steinbrecher, die Brüche waren im Besitz der Bauern. So wurde der Marmor naturgemäß auch in der lokalen Umgebung verwendet. Der Salzburger Pädagoge und Schriftsteller Franz Michael Vierthaler stellte bei einer seiner Wanderungen im ausgehenden 18. Jahrhundert überrascht fest, dass „die Bauernhöfe von Marmor aufgeführt" waren und das Vieh an marmornen Krippen stand.

Lange Zeit waren „Zweispitze" das wichtigste Werkzeug des Steinhauers. Mit diesen Schrothämmern wurden Gesteinsschlitze, so genannte Schrotgänge, angebracht und so die Marmorblöcke quaderförmig aus dem Stein herausgehackt. Erst ab 1938 wurden Drahtseilsägen eingesetzt, bis dahin erfolgte die Blockgewinnung in reiner Handarbeit. Der **Marmorlehrpfad** leitet in einer gemütlichen Runde durch das Adneter Marmorrevier und führt zu Brüchen, wo heute noch Marmor abgebaut wird, aber auch zu Abbaustellen, die bereits erschöpft und stillgelegt sind.

Vor 220 Millionen Jahren, zur Zeit der oberen Trias, war unser Gebiet noch ein ausgedehntes Lagunen-Gebiet, in dem sich subtropische Tiere tummelten. Geschützt von der großen Riffkette im Süden (heute Hoher Göll, Tennengebirgs- und Hagengebirgs-Südseite) ragten einige Riffe bis knapp an die Wasseroberfläche empor, so beispielsweise das Adneter Riff, von dem die weißen Korallenkalke hinter der Kirche von Adnet (Kirchenbruch) Zeugnis geben.

Am Ende der Triaszeit erlosch das Riffwachstum weitgehend, die Kalkplattformen zerbrachen und sanken ab. Auf diese ertrunkenen Kalkplattformen wurden geringmächtige rote Knollenkalke abgelagert, die als „Adneter Kalke" oder **„Adneter Marmor"** bekannt sind und zahlreiche Ammoniten führen.

Hinter der Kirche von Adnet liegt der **Adneter Kirchenbruch**, ein Riffkalk („Weisstropf"). In einem Anschnitt sind Korallenstöcke, Querschnitte von Megalodonten („Kuhtrittmuscheln") und Kalkschwämme gut zu sehen. In den Riffkalk ziehen tiefe Klüfte, die von jurassischen Rotkalken erfüllt sind. Im Eisenmannbruch ist die Grenze zwischen Korallenkalk und Adneter Kalk freigelegt. An der Grenze befindet sich eine 10 Zentimeter mächtige Schicht aus Limonit, Hämatit und Mangan, die auf Sedimentationsstillstand hinweist, die sogenannte „Brandschicht" der Bergarbeiter. Im Schnöll- und Säulenbruch werden grau gefleckte Kalke („Rot-Grau-Schnöll") abgebaut, im Plattenbruch vorwiegend die typischen roten, knollig-flaserigen Adneter Kalke. An der Oberkante des Bruches lagert eine 6 Meter mächtige massige „Scheck"-Lage, eine kalzitdurchschwärmte Brekzie.
Griechisch *„marmoros"* bedeutet Felsblock, in der Geologie ist Marmor ein metamorpher Kalk oder Dolomit, bei den Steinmetzen hingegen jeder polierte Kalkstein.

Die alte Schmiede am Marmorweg.

Von der Adneter Kirche führt der Weg nur kurz entlang der Straße nach **Waidach**. Erste Stationen sind nach wenigen Metern der **Kirchenbruch** und der **Gletscherschliff**. Grüne Wegtafeln mit Nummerierung (1–12) und die grün-weiße Markierung führen jedoch bald abseits der Straße (Abzweigung links nach etwa 200

Metern) auf einem geschotterten Zufahrtsweg leicht bergan zu den ersten Brüchen. Die Beschreibung der einzelnen Brüche weist auf den Fossilienreichtum und die Marmorbildung hin, die vor etwa 200 Millionen Jahren begann, ebenso auf die Verarbeitung. So erfährt der Wanderer, dass im Wiener Parlamentsgebäude 24 Säulen-Monolithe aus dem Schnöll-Bruch Verwendung fanden und dass der Lienbacher-Bruch den schönsten und dichtesten Adneter Rotkalk hervorbrachte. Beim Schmiedebruch lassen sich die mit dem Zweispitz herausgehauenen Schrotgänge gut erkennen, ein Blick durch das Türgitter der neben dem Weg stehenden alten Schmiede zeigt die einst verwendeten Werkzeuge. Der Wandschützen-Schießplatz über dem Kirchenbruch markiert die letzte Station des Weges (12).

Hinweistafeln weisen auf jeden Steinbruch hin.

Der Ausblick zum **Untersberg** stellt eine weitere Verbindung zur Salzburger Marmortradition her: Auch am Untersberg gibt es Marmorvorkommen, die teilweise noch heute abgebaut werden. Vom Häuschen der Adneter Wandschützen leitet der anschließende Schützensteig zum Waldrand über. Durch Wiesen führt die Runde schließlich wieder in den Ort. Wenn danach noch Zeit bleibt, ist der Abstecher zum **Adneter Moor** empfehlenswert (Wegschilder vom Ort aus): Es liegt in einer flachen Mulde südlich vom Ort und bedeckte einstmals die gesamte Fläche zwischen dem Guggenberg im Osten und dem Adneter Riedl im Süden und Westen. Heute nimmt das Adneter Moor im Wesentlichen die Fläche zwischen den Orten Adnet und Waidach ein. Es wird im zentralen Teil vom Spumbach durchflossen. Seit 1983 ist es als geschützer Landschaftsteil ausgewiesen.

11. GOSAUKAMM
Ein Berg macht sich selbstständig

Die Stuhlalm (1467 m) ist der Ausgangspunkt für zwei sehr unterschiedliche Wanderungen im Gosaukamm. Die eine Route benützt den sanften, westlichen Ausläufer, auf dem sich etliche schöne Almen, wie die Mahdalm und die Loseggalm, angesiedelt haben. Einziger Wermutstropfen ist der abschließende Rückweg auf einer Forststraße.

Die andere Route auf den Donnerkogel führt mitten in den wild zerklüfteten Gosaukamm hinein, dessen steile Anstiege eine alpine Herausforderung darstellen. Auch der 2055 Meter hohe Donnerkogel ist keine Ausnahme.

Immer im Bild ist die Bischofsmütze, die durch spektakuläre Felsstürze schon mehrmals ihr Aussehen verändert hat.

Route 1: Parkplatz Pommer–Stuhlalm–Mahder Riedel (Losegg)–Mauerreith–Pommer.

Route 2: : Pommer–Stuhlalm–Donnerkogel (Weg 631)–Abstieg Weg 628 und Austriaweg–Stuhlalm–Pommer.

Anfahrt: Über Abtenau oder St. Martin in das Lammertal, bis am nördlichen Ortsrand von Annaberg die Zufahrt „Astauwinkl“ abzweigt. Nach drei Kilometern verläuft der „Güterweg Ebnerlehen“ nach links. Kurz vor dem letzten Hof (Straßenende) befinden sich ein Parkplatz und die angeschriebene Wegrichtung: Stuhlalm, Theodor-Körner-Hütte.

Gehzeit: 5 Stunden (Route 1); 7 Stunden (Route 2).

Höhenunterschied: 700 Meter, mäßig anspruchsvoll (Route 1), 1150 Meter, sehr anspruchsvoll! (Route 2).

Karte: f & b WK 392 (Tennengebirge, Gosaukamm).

Einkehr: Stuhlalm, Theodor-Körner-Hütte, Mahdalm.

Klare, nicht zu heiße Spätsommertage mit guter Fernsicht sind der ideale Zeitpunkt für die südseitig orientierten, sehr steilen Gosaukammansteige. Botanisch betrachtet sorgen zu dieser Jahreszeit zwar nur noch wenige Farbtupfer wie der tiefblaue Eisenhut oder der herbstlich violette Deutsche Enzian für Abwechslung, aber in der Sommerhitze sind die langen Anstiege durch den Latschengürtel eine Qual. Für das Auge wäre der Frühling mit seiner Blütenvielfalt die richtige Zeit für Wanderungen im Kalk, aber die Gefahr, auf letzte, nordseitige Schneereste zu treffen, ist gerade bei der **Donnerkogeltour** mit den vielen Auf- und Abstiegen sehr groß. Nicht umsonst locken die steilen Firnrinnen wie Stuhlloch, Weite Zahring oder Angerstein bis in den späten Frühling hinein Tourengeher in Scharen an. Auf der noch steileren Nordseite kann es sogar im Sommer vorkommen, dass die letzten Extremskifahrer mit erstaunten Bergsteigern zusammentreffen.
Während die echten **Gosaukammgipfel** ohne Ausnahme sehr anspruchsvolle Ziele sind, deren Anstiegszeitpunkt genau überlegt sein sollte, eignen sich die wald- und almenreichen Ausläufer auch für Familienausflüge.

Direkt am Parkplatz vor dem letzten Gehöft sind die Ziele der näheren und weiteren Umgebung aufgelistet. Der Weg zur **Stuhlalm** benützt vorerst die Forststraße, was zum „Eingehen" gar nicht so schlecht ist. So führt der Anstieg relativ rasch zur freiliegenden Stuhlalm (1467 m), die sich in schöner Postkartenidylle vor der **Bischofsmütze** aufbaut. Von hier aus gibt es mehrere Möglichkeiten:
Für Familienausflüge könnte die Alm entweder schon Endpunkt oder Ausgangspunkt für weitere kleinere Exkursionen sein. Ganz in der Nähe, keine zehn Minuten entfernt und nur einen Meter tiefer, liegt die **Theodor-Körner-Hütte**, und in der Landschaft verstreute Kletterfelsen beweisen ihren hohen Freizeitwert.
Die Größeren werden sich vielleicht schon mehr von den gewaltigen Felswänden der Bischofsmütze angezogen fühlen. Zumindest an deren Fuß vorbei führt eine abwechslungsreiche Wanderrunde, die angesichts der gewaltigen Schotterfelder vor Augen führt, wie vergänglich selbst unsere Gebirge sind.

Gosaukamm vom Tennengebirge (Frommerkogel).

Der **Gosaukamm** ist in seiner Gesamtheit ein fossiles Riff aus der Triaszeit. Zahlreiche herausgewitterte Korallen und Schwämme zeigen, dass diese Kalke vor 210 Millionen Jahren in einem tropischen Meer abgelagert wurden. Ihr Ablagerungsraum lag allerdings viel weiter im Süden, als man dies heute vermuten würde, etwa auf der Höhe des heutigen Sudans.

Am Westfuß des Gosaukammes verläuft ein Rauhwacken-Band, das sich vom Fuß des Buchbergriedels über Scheffau und Aster zieht. Nördlich der Hofpürglhütte befinden sich karnische Reingrabener Schiefer. Über diesen weichen Schiefern erhebt sich der schartige Sockel der Kleinen und der Großen **Bischofsmütze**, der bis in etwa 2000 Meter aus Hauptdolomit besteht. Die spornartige Gipfelregion wird aus massigem, sprödem Dachstein-Riffkalk aufgebaut. Der Gipfelsporn hing einst mit dem Gosaukamm zusammen.

Da seine seitliche Abstützung verloren gegangen ist, entwickelten sich lotrechte Entspannungsklüfte. Durch Niederschlags- und Schmelzwässer wurde das Felsgefüge aufgelockert. In die offenen Klüfte stürzten Steinblöcke, die den Felsen weiter aufkeilten. So kam es wiederholt zu Felsstürzen, zuletzt im Herbst 1993 und 2001.

Route 1 Mahder Riedel

Von der **Stuhlalm** oder auch der **Theodor-Körner-Hütte** führt die Route zunächst auf den Austriaweg und folgt dort der Richtung „Hofpürglhütte“. Beinahe eben geht es unterhalb der Weiten Zahring durch das von Felsblockwerk durchsetzte Stuhlloch. Der Abschnitt über das Jöchl, jener Felsrippe, die sich von der Bischofsmütze herunterzieht, ist steil, kurz und drahtseilgesichert. Spätestens bei der Abzweigung auf den **Mahder Riedel**, eine gute Gehstunde von der Stuhlalm entfernt, wird die Wanderung gemütlich. Zunächst steigt der Weg noch einmal kurz an, dafür wird die Aussicht mit jedem Schritt noch großartiger. Von der höchsten Erhebung, dem **Losegg** (1648 m), führt der Weg oberhalb der bewirtschafteten **Mahdalmhütte** vorbei hinunter auf den Parkplatz Mauerreith. Bei einer Abzweigung etwas tiefer trifft der Waldweg auf jene Forststraße 312, die nach Astauwinkl und auf den Parkplatz Pommer zurückführt.

Die Bischofsmütze vom Donnerkogel.

Route 2 Donnerkogel

Die anspruchsvolle „Strapazrunde“ auf den **Donnerkogel** beginnt etwas versteckt an der Rückseite der Stuhlalm. Auf einem großen Felsen ist die Wegnummer 631 aufgemalt. Nach steilen, anstrengenden eineinhalb Gehstunden taucht der gewaltige Gipfel zwischen einer Scharte plötzlich zum Greifen nahe gegenüber auf. Dazwischen liegt ein kräfteraubendes Auf und Ab über schwindelerregende Grate. Der Hinweis „Nur für Geübte" und die Zeitangabe „1 Stunde" sind keine Übertreibung! Dafür ist der Gipfelgenuss auf dem 2055 Meter hohen **Donnerkogel** faszinierend mit Fernblicken, die bis ins Alpenvorland reichen, und dem Blick auf den gegenüberliegenden Dachsteingletscher oder den grünblauen Gosausee. Der Abstieg verläuft ein kurzes Stück auf dem bereits bekannten Weg, dann folgt er dem steilen Hauptweg 302. Wie sensibel die Vegetationsdecke auf Kalkstöcken ist, zeigt sich daran, dass die Spuren jenes katastrophalen Brandes noch zu sehen sind, der 1957 auf dem Donnerkogel wütete und den wertvollen Latschengürtel dezimierte.

Die Wiederbewaldung der Alpen setzte schon mehrere Jahrtausende vor dem eigentlichen Ende der Eiszeit ein. Diese Periode wird als subarktische Birkenkiefernzeit bezeichnet. Gemeinsam mit der Legföhre (Latsche) wanderten auch Moorbirken, Rotföhren, Zirben und Lärchen ein. In der subalpinen Stufe der Kalkalpen kann der Legföhrengürtel mächtige Dimensionen annehmen, manche Stämme erreichen ein Alter von beinahe 300 Jahren.

Nach 400 sehr steilen Höhenmetern über unterschiedliche Formen von Riffkalkgestein ist der relativ ebene Weg 611, der am Fuße des Donnerkogels zu **Stuhlalm** und **Theodor-Körner-Hütte** zurückführt, eine Wohltat. Zwar sind noch einige kleine Gegenanstiege zu bewältigen, aber das abschließende „Z'sammsitzn" in einer der beiden Hütten rückt immer näher. Der Abstieg zum Parkplatz folgt dem bereits bekannten Weg.

Tief unter dem Donnerkogel liegt der Gosausee.

12. FIEBERHÖRNER UND RAUCHECK

Die steile Seite des Tennengebirges

Dort, wo die Tennengebirgswände fast unvermittelt vom Tal aufsteigen, führt eine anspruchsvolle, aber gut gesicherte Route rund um die Fieberhörner bis zur Eisriesenwelt. Die höchste Tennengebirgserhebung, das 2431 Meter hohe Raucheck, liegt „zum Mitnehmen" am Weg.

Route 1 (Rund um die Fieberhörner): Alpengasthof Mahdegg–Werfener Hütte–Großes (Hinteres) Fieberhorn–Mahdegg.

Route 2 („Eisriesenwelt"): Mahdegg–Griesscharte–Raucheck–Dr.-Friedrich-Oedl-Haus (Übernachtung)–Eisriesenwelt–Seilbahntalstation–Mahdegg.

Anfahrt: Auf der Tauernautobahn oder der Salzachtal-Bundesstraße nach Pfarrwerfen. Die ersten paar Meter auf der Ortsumfahrung noch in Richtung Werfenweng, zweigt in einer langgezogenen Rechtskurve der Zistelbergweg mit der Zufahrt „Mahdegg" nach links ab. Nach 3,5 Kilometern folgt noch eine angeschriebene Abzweigung nach links, bald darauf beginnt der mautpflichtige, ziemlich holprige Teil der Zufahrt zum Alpengasthaus Mahdegg (1202 m).

Gehzeit: 5 Stunden (Route 1), sehr anspruchsvoll. 8–10 Stunden (Route 2), sehr anspruchsvoll und lang, ideal als Zweitagestour mit Übernachtung auf dem Oedl-Haus. Trittsicherheit, Schwindelfreiheit und beste Kondition sind die Voraussetzung für diese anspruchsvollen Touren.

Höhenunterschied: 1100 Meter (Route 1), 1500 Meter (Route 2).

Karte: f & b WK 392.

Einkehr: Alpengasthof Mahdegg, Werfener Hütte und Dr.-Friedrich-Oedl-Haus.

Information: Eisriesenwelt Tel. 06468/52 48.

Das Tennengebirge ist ein sehr steiles Gebirgsareal. Die Wanderung rund um die beiden **Fieberhörner** sind keine Ausnahme, stellenweise hilft nur eine lange Eisenleiter über die senkrechten Felswände hinweg. Weiter oben am südlichen Gebirgsrand öffnet sich dann aber ein scheinbar flaches Plateau, über das der eine oder andere einsame Weg führt. Einer davon überquert den höchsten Tennengebirgsgipfel, das 2431 Meter hohe **Raucheck**, und trifft dann auf eine der eindruckvollsten Sehenswürdigkeiten in der Salzburger Bergwelt, die **Eisriesenwelt**. Obwohl sich ein Stück Seilbahn-Talfahrt wegverkürzend auswirkt, ist diese Route alles andere als einfach und sprengt beinahe den Rahmen eines Wandertages. Eine Übernachtung im Oedl-Haus wäre zu überlegen, um am nächsten Tag als einer der ersten die Eisriesenwelt zu besuchen.

An der Morphologie des Tennengebirges kann man schon den Aufbau erkennen. Während das Plateau der Südseite aus massigem Dachsteinkalk aufgebaut ist, sind im Norden ausschließlich gebankte (d. h. geschichtete) Kalke zu finden. Die massiven Schichten sind Teil eines über 2500 Kilometer langen Kettenriffs aus der Trias, ähnlich wie das große Barriere-Riff in Australien. Die gebankten Kalke sind Lagunenablagerungen, die das Schwanken des Meersspiegels widerspiegeln. Darin findet man große Muscheln, **Megalodonten**, die im Querschnitt Herzform haben und daher auch als „Kuhtrittmuscheln" bezeichnet werden. Sehr schön kann man diese an den Gletscherschliffen, z. B. am Paß Lueg, sehen.

Rund um die Fieberhörner

Der Alpengasthof Mahdegg ist ein einladender Ausgangspunkt. Von dort zieht der Weg zuerst Richtung **Werfener-Hütte**, vorerst noch durch den Wald, steil bergauf. Auf der anderen Grabenseite liegt der Zistelberg, dort wird das Gelände für kurze Zeit almartig. Die Ellmaualm in östlicher Richtung liegt höchstens eine halbe Stunde entfernt, nur leider nicht direkt am Weg. Der Anstieg zur Werfener-Hütte wird steiler und führt immer mehr in die Latschenzone. Die 1969 Meter hoch gelegene Hütte ist schon von Weitem sichtbar und dort angekommen, macht sich Staunen breit über diese bautechnische Leistung am Südfuß des Hochthrons.
Weil es keine Quelle gibt, muss der Hüttenwirt das Regenwasser sammeln. Da es keine Materialseilbahn gibt, muss das meiste für den täglichen Gebrauch aus dem Tal getragen oder geflogen werden. Die Vorgänger der heutigen Hüttenwirte sind das ganze Jahr über, auch im Winter, in fast 2000 Meter Höhe geblieben!

Vom Blitz gezeichnete Zirbe vor dem Hochkönig.

Nach dem steilen Hüttenanstieg folgt entlang der **Hochthronwände** wieder eine kurze, flache Erholungsphase, bevor der Weg nach rechts Richtung **Throntörl** abzweigt. Das steilste Stück wird von einer spektakulären Eisenleiter überbrückt und bald ist das Höhenniveau des **Großen (Hinteren) Fieberhörndls** erreicht.

Dort, wo sich der Steig zur Umrundung der steilen Felsnasen nach links wendet, führt noch ein relativ gemütlicher Rasensteig auf das größere der beiden Hörner. Nach diesem Gipfel geht es wieder zurück auf den markierten Weg, der über die **Griesscharte** an der Westseite der Fieberhörner steil abwärts zieht. Der so genannte **„Eiskeller"**, eine schneegefüllte Halbhöhle, hält was er verspricht, sehr oft sind hier auch noch im Sommer größere Schneefelder (Vorsicht!) anzutreffen. Über einige Schuttfelder führt der Weg allmählich wieder in die Latschenzone und im Schlussteil, bereits im Wald, auf den bekannten Anstieg, der beim **Alpengasthof Mahdegg** endet.

Blick vom Mahdegg auf die Fieberhörner (rechts).

Die große Runde – Über das Raucheck zur Eisriesenwelt

Der schnellste Anstieg vom Alpengasthof Mahdegg zu den Fieberhörnern führt durch die Griesscharte, also den gerade beschriebenen Abstieg von den Fieberhörnern. Nach 1100 steilen Höhenmetern ist der Plateaurand erreicht, und geradeaus im Norden, keine 30 Minuten entfernt, liegt die **Edelweißer-Hütte**. Sie ist eine Selbstversorgerhütte und wurde vom Edelweißklub Salzburg errichtet.

Der gut einstündige Weg auf das **Raucheck** zweigt aber schon vorher nach links Richtung Westen ab. Auf einsamen Steigen geht es den südwestlichen Plateaurand entlang durch eine bizarre Felslandschaft, in der es trotz offensichtlicher Kargheit viel zu entdecken gibt. 600 Meter tiefer verläuft der kilometerlange Hauptgang der größten Eishöhle der Welt.
Nach zwei Stunden Plateauwanderung zweigt der Weg nach links, Richtung **Dr.-Friedrich-Oedl-Haus**, ab. Der steile Abstieg mündet abrupt in den promenadenartigen Zugang zur **Eisriesenwelt**. Ein Besuch dieser fantastischen Eishöhle, die der bekannte Naturfilmer Sir Richard Attenborough als eines der großen Naturwunder dieser Welt bezeichnete und ihr auch ein filmisches Denkmal setzte, ist ein unvergessliches Erlebnis.

An den SW-Abstürzen des Hochkogels liegt der Eingang zur größten Eishöhle der Welt. Vom Eingang, der in 1640 Metern Seehöhe liegt, geht es 120 Höhenmeter steil bergauf, um dann auf der durchschnittlichen Höhe von 1750 bis 1780 Meter zu bleiben.
Auf einer Fläche von 10.000 m^2 haben Eisgebilde die mächtigen Hallen und Dome dieses Höhlensystems in eine Märchenlandschaft verwandelt.

Das Tennengebirge in der Dämmerung

Ob der einzigartige Spaziergang in das Eis allerdings im Rahmen einer Tagestour Platz findet, hängt ganz von Kondition und Lust ab. Überlegenswert ist eine Übernachtung im Oedl-Haus. Diese Variante hat den Vorteil, gut ausgeschlafen am nächsten Morgen zu den Ersten zu gehören, die unter fachmännischer Führung in das unterirdische Eisreich eintauchen dürfen. Die erste Führung beginnt um 9.30 Uhr am Höhleneingang.

Von der 1582 Meter hoch gelegenen **Friedrich-Oedl-Hütte** führt eine Seilbahn talwärts, die zumindest eine Stunde Zeit sparen hilft. Vor allem für die Ganztagestour ist dies eine Hilfe, denn der Rückweg zum **Mahdegg** dauert auch mit Seilbahn noch gute zwei Stunden und geht über 200 zusätzliche Höhenmeter. Von der Seilbahntalstation führt der Weg am Parkplatz vorbei und folgt einen knappen Kilometer der Zufahrtstraße, bevor sich der Steig 43 kurz vor einem steilen Graben gut angeschrieben Richtung Mahdegg wieder in einsames Gelände wendet. Über den Südfuß des Rauchecks, an der **Fallsteinwand** vorbei, schließt sich die Tennengebirgsrunde.

13. ZWISCHEN KOREIN UND FROMMERKOGEL
Die sanfte Seite des Tennengebirges

Die ganztägige Almrundwanderung mit dem Ausgangspunkt St. Martin führt dorthin, wo sich das Tennengebirge von seiner sanften Seite zeigt. Auf den Almwiesen zwischen Korein und Frommerkogel scheint die Zeit stehen zu bleiben.

Route: St. Martin–Langeckalm–Ostermaisspitze–Korein–Frommerkogel–Widdernalm–Langeckalm–St. Martin.

Anfahrt: Durch das Lammertal oder über die Tauernautobahn, Abfahrt Hüttau, in das Ortszentrum von St. Martin am Tennengebirge. Dort, dem neuen Freibad gegenüber, befindet sich ein großer Parkplatz.

Gehzeit: 6 Stunden. Unkompliziert, aber konditionell anspruchsvoll.

Höhenunterschied: 950 Meter.

Karte: f & b WK 392.

Einkehr: Fallweise Langeckalm und Gasthöfe im Ort.

Das Tennengebirge hat viele Seiten. Die auffallendsten sind das verkarstete Plateau und die steilen, schwer zugänglichen Felszacken, gebildet aus 220 Millionen Jahre altem Dachsteinriffkalk. Südöstlich davor gelagert gibt es als Kontrast dazu noch jene sanften Ausläufer, die sich hervorragend für die Almwirtschaft und für Wanderungen eignen. Zwischen **Ostermaisgipfel** und **Frommerkogel** sorgt die Werfener Schicht für ideale, familienfreundliche Wanderbedingungen.

Der Südrand des Tennengebirges gehört der so genannten „Werfener Schuppenzone" an. Sie setzt sich gegenüber dem schroff aufragenden Dachsteinkalk deutlich ab. Wie Spielkarten wurden die weichen, rötlichen **Werfener Schichten** zusammen mit dunklen Gutensteiner Kalk mehrfach geschuppt, sodass wir mindestens drei Mal dieselbe Schichtfolge wieder antreffen, bevor wir zur Karbonatplattform kommen.

Bei der **Tonialm** wurden in den Gutensteiner Kalken früher Blei- und Zink-Erze abgebaut, wie auch bei der Frommer-Nieder-Alm.

Am Rücken zwischen Korein und Frommerkogel liegen einige alte Einbaue. Auf den Halden kann man freiäugig erkennen: Cuprit, Hemimorphit, Auricalcit, Azurit, Malachit, Brauneisenstein und Smithsonit.

Gegenüber der großen Parkfläche im Ortszentrum befindet sich das neue Freibad und jener Gehweg, der entlang der Hauptstraße bis zur südlichen Ortstafel von St. Martin führt. Knapp dahinter zweigt der Bichlbergweg nach rechts ab. Das erste Etappenziel, die **Langeckalm**, ist bereits angeschrieben. Zwanzig Gehminuten und zwei Straßenkehren weiter oberhalb zweigt der Weg 420, etwas versteckt bei einem allein stehendem Holzhaus, auf die Viehweide ab. Die schnellste Verbindung auf den ersten Gipfel wäre die steile **Ostermaisrinne**, aber auch der markierte Anstieg gewinnt rasch an Höhe und durchquert einen lichten Laubwald. Die Langeckalm in 1429 Metern Seehöhe ist fallweise bewirtschaftet, angeboten werden Produkte aus eigener Almwirtschaft. Wenig oberhalb, in Sichtweite der Alm, steht ein schönes Holzkreuz, an dem die blau markierte Route vorbeiführt. Die Markierungspunkte sind zwar spärlich, aber der schmale Steig ist immer gut erkennbar. Der Mischwald, durch den es steil bergauf geht, zeugt von einem gesunden Baumartenverhältnis, in dem es

Blick auf den Gosaukamm

manche Rarität, wie etwa eine schöne Kandelaberfichte, zu entdecken gibt.

Auf dem **Ostermaisgipfel** dominieren dann die Lärchen, was diese östlichste Ecke besonders in der Färbung des Spätherbstes zu einem farbenprächtigen Wandererlebnis werden lässt. Dieser Aussichtspunkt mit Blick auf den gegenüberliegenden Gosaukamm ist wirklich einladend und eine Bergmesse in dieser Umgebung, wie sie einige Male im Jahr gefeiert wird, gehört zu den bleibenden Eindrücken. Es folgt nun jener Wegabschnitt, der sanft über den **Korein** (1850 m) zum wenig höheren **Frommerkogel** (1882 m) hinübergleitet.

Das Gipfelkreuz ist schon lange zu sehen und auf der Graskuppe angekommen öffnen sich mit dem Hochkönig und dem Alpenhauptkamm wieder neue Perspektiven. Für die Dauer des stellenweise steilen Abstieges zur **Widdernalm** in südlicher Richtung ist es mit der Beschaulichkeit vorbei. Die Wanderung ist aber immer noch für konditionsstarke Kinder gut geeignet, gefährliche Stellen gibt es kaum. Dafür wartet vor der Widdernalm ein Brunnentrog mit kristallklarem Wasser. Die abschließende Etappe führt weitgehend eben im steilen, sonnigen Halbrund zur Langeckalm zurück. Noch ein letztes Mal gibt es schöne Ausblicke, bevor die Route 420 auf dem bereits bekannten Weg in den Wald eintaucht und an den Ausgangspunkt nach St. Martin zurückführt.

VEGETATIONSGRENZEN

Von Natur aus war Mitteleuropa mit wenigen Ausnahmen

(Hochmoore, Schotterbänke entlang von Flüssen, Lawinenstriche) mit Wald bedeckt. Erst der Mensch schuf die waldfreien Flächen, um seine Bedürfnisse nach Nahrung, Wohnraum usw. zu stillen.

Die **Lebensform Baum**, also „stammbildende Holzpflanzen mit in die Luft ragenden, ausdauernden Trieben“, ist aus der Konkurrenz um das Licht verständlich. Stamm, Astwerk und Derbwurzeln befähigen die Pflanzen, sich über die bodennahe Zone zu erheben und damit der scharfen Konkurrenz durch die anderen Pflanzen zu entfliehen. Allerdings erkaufen sich die Bäume den Wettbewerbsvorteil mit hohen Investitionen in „totes Kapital“, also in Festigungs- und Leitgewebe, für deren Aufbau viel organisches, unproduktives Material benötigt wird. Denn nur die Nadeln oder Blätter betreiben Photosynthese und liefern Energie. Das weitverbreitete Wurzelsystem, das für die Statik und die Wasser- und Mineralstoffversorgung notwendig ist, kann nur mit gewaltigem Energie- und Materialeinsatz aufgebaut werden. So ist es nicht verwunderlich, dass dem Baumwachstum Grenzen gesetzt sind.

Kaum eine Vegetationsgrenze ist derartig scharf ausgeprägt wie die Waldgrenze in den Alpen. Die Vegetationszeit verkürzt sich mit zunehmender Höhe, sodass die Nadeln nicht mehr ausreifen können und anfälliger gegen Wasserverluste werden. Frost, Wind, Schneedruck und gelegentlicher Blitzschlag sind weitere Stressfaktoren. Dies bewirkt, dass der Wald mit zunehmender Höhe immer mehr auflichtet, bis schließlich nur mehr vereinzelt stark deformierte Bäume auftreten, wie dies am **Beispiel einer Lärche** *(Larix decidua)* (Bild oben) sehr schön zu sehen ist. Besonders in Mitleidenschaft gezogen wird der Spitzentrieb, wodurch sich die Krone dann eher in die Breite entwickelt.

14. ZWISCHEN ARTHURHAUS UND ERICHHÜTTE
Glanzlicht im Herbst

Der Traumpfad auf der Südseite des Hochkönigs lässt die Wanderung zwischen Arthurhaus und der Erichhütte zu einem „Schau"-Vergnügen werden.

Route: Arthurhaus–Windraucheggalm–Riedingtal–(Alm) –Wiedersbergalm–Erichhütte. Variante: Direkter Abstieg zum Birgkarhaus.

Anfahrt: Von Mühlbach am Hochkönig auf der Mandlwandstraße zum Arthurhaus. Gebührenpflichtiger Parkplatz. Da Ausgangs- und Endpunkt der Wanderung ungleich sind, ist die Rückfahrt zu organisieren. Im Sommer bietet sich dazu der Hochkönig-Wanderbus an. Eine Möglichkeit wäre auch ein abgestellter PKW am Parkplatz beim Zugang zur Erichhütte.

Gehzeit: 3 1/2 Stunden.

Höhenunterschied: 200 Meter.

Karte: f & b WK 103.

Einkehr: Arthurhaus, Erichhütte (ÖAV).

Hochkönig-Wanderbus: Verkehrt von Mitte Juni bis Mitte Oktober jeweils einmal am Vormittag und Nachmittag zwischen Dienten und dem Arthurhaus. Auskunft Fremdenverkehrsverband Mühlbach, Tel. 06467/72 35.

Bergbau: Museum und Schaustollen-Führung in Mühlbach, Öffnungszeiten Museum: Donnerstag bis Sonntag von 14 bis 16 Uhr, Schaustollen: Führung um 16 Uhr (bis Ende Oktober), Auskünfte FVV Mühlbach, Tel. 06467/72 35.

Was wäre ein Wanderbuch über Salzburg, das sich nicht mit dem Hochkönig auseinander setzt! Wir beschreiben einen Höhenweg,

der auf der sonnigen Südseite des zu den Berchtesgadener Alpen zählenden **Hochkönigmassivs** vom **Arthurhaus** zur Erichhütte führt. Dieser prächtige Weg, der besonders im Herbst zum Genießen der Natur einlädt, beginnt unter der gezackten **Mandlwand** und führt unterhalb der **Schrammbach-Wasserfälle** und der Wetterwand des Bratschenkopfes westwärts. Er durchstreift dabei eine Kulturlandschaft, die durch jahrhundertelange Almwirtschaft geprägt wurde. Am Auslauf des „Firscht" stehen die wettergebräunten Almhütten der **Wiedersbergalm** inmitten blumenreicher Almmatten und bieten schöne Rastplätze, bevor der Weg den Bergfuß der **Taghaube** umrundet und die Erichhütte erreicht. Durch den geringen Höhenunterschied und einer Mischung aus Gemütlichkeit und Naturerlebnis kann diese Wanderung getrost als familienfreundlich eingestuft werden.
Die Bergbaugeschichte unter dem Hochkönig soll nicht unerwähnt bleiben: Sie reicht etwa 5000 Jahre zurück. Der Mitterberg ist uralter Kulturboden und wurde jahrtausendelang nach Kupfer durchsucht. Spuren und Funde weisen auf ein prähistorisches Industriezentrum hin, das in der Zeit von 2000 bis 300 vor Christi seine erste Blüte erreichte.

Wer denkt schon daran, dass die unscheinbaren grauen Schiefer der „Pinzgauer Grasberge" vor 500 bis 400 Millionen Jahren auf der südlichen (!) Halbkugel zur Ablagerung kamen? Diese Gesteine des Ordoviziums und Silurs und die darüber folgenden jüngeren Gesteine der „Violetten" und der „Grünen Serie" gehören zur Grauwackenzone, welche die Unterlage der Nördlichen Kalkalpen bildet. Die jüngeren Schichten sind wegen ihrer Kupferführung von Bedeutung.

Am Beginn der Wanderung werden die Blicke von den Mandlwandtürmen angezogen. Vom Parkplatz beim **Arthurhaus** (1502 m) wendet sich der Weg westwärts (Markierung 4/436), führt bald an der **Windraucheggalm** vorbei und erreicht leicht absteigend den Talkessel des Riedingtales. Die **Riedingalm** liegt nur wenige Minuten unterhalb der Route. Der folgende Anstieg am Gegenhang durch den im Herbst leuchtenden Laubwald bleibt die einzige erwähnenswerte Steigung. Im Wesentlichen folgt der Weg der 1500-Meter-Höhenlinie und lädt zum Schauen und Schlendern ein. Die freien Almböden der **Wiedersbergalm** mit ihren vier Hütten sind einer dieser einladenden „Schau-Plätze". Der nächste Talkessel am Höhenweg ist das weite **Birgkar** mit seinen Schutt- und Latschenhängen, bevor es um den Fuß der Taghaube herumgeht und die sonnige Wiesenterrasse um die Erichhütte (1546 m) erreicht ist. Die **Erichhütte** des Alpenvereins bildet den gemütlichen Ausklang dieser Wanderung. Von hier geht es auf dem bequemen Almweg zum Parkplatz unterhalb des Dientner Sattels hinunter, auf dem ein Auto bereitstehen sollte. Andernfalls wäre die Rückfahrt nach Mühlbach oder zum Arthurhaus von der Haltestelle beim Birgkarhaus mit dem Hochkönig-Wanderbus eine Alternative.

Die Wiedersbergalm.

DER URGESCHICHTLICHE BERGBAU BEI MITTERBERG

Wenn man vom Arthurhaus gegen den Hochkeil aufsteigt, trifft man schon nach wenigen Minuten auf mehrere lange Reihen von Vertiefungen, die von alten Bergbauen herrühren. Diese „Pingenzüge" (Pinge = Einsturztrichter) sind entlang der „Ausbisse" (= Erze treten an die Oberfläche) des bekannten Mitter-

berger Erzganges gemacht worden. Sie sind eindrucksvolle Zeugen eines regen Kupfer-Bergbaues, der in den Jahrhunderten um 1000 v. Chr. seine Hochblüte erlebt hatte. Unmittelbar in der Nähe befanden sich auch die Schmelzplätze. Auf über 160 nachgewiesenen Schmelzplätzen kann man 5000 Jahre alte Schlacke finden.
Die Bergleute bauten damals bis zu zwei Meter mächtige Kupfererzgänge mittels der Methode des Feuersetzens ab. Dabei kam ihnen das hohe Wärmeleitvermögen des Quarzes, der hier als Gangart auftritt, sehr entgegen. Ausbisslängen bis zu 1600 Meter bei einer durchschnittlichen Teufe (= Abbautiefe) von 80 Metern und einer größten von 120 Metern sind bekannt.

Der bronzezeitliche Kupferbergbau in Mitterberg und auf der Kelchalpe bei Kitzbühel hatte von 1800 bis 700 v. Chr. europäische Bedeutung. Insgesamt wurden in der Bronzezeit in Europa etwa 2,5 Millionen Tonnen abgebaut und daraus 50.000 Tonnen Kupfer gewonnen. Für einen Meter Vortrieb wurden durchschnittlich 25 Tage benötigt. Etwa 2000 Jahre blieb der alte Bergbau vom Mühlbacher Mitterberg im Verborgenen, erst

Rast am Höhenweg.

1829 führte ein Zufall zur Wiederentdeckung des Erzes und zum Neubeginn der Kupferabbautätigkeit.
Noch 1964 wurden in Mitterberg fast 209.000 Tonnen Roherz abgebaut, aus welchem eine Fördermenge von 2.742 Tonnen Kupfer gewonnen wurde. Wegen des niedrigen Kupferpreises wurde der Bergbau schließlich 1976 eingestellt.

Die Graue Rentierflechte *(Cladonia rangiferina)* ist eine bodenbewohnende Strauchflechte, die bis 10 cm Höhe erreichen kann. Sie ist vom Tiefland bis in die nivale Zone (= Schneezone) der Alpen weit verbreitet.

15. DER RÖTELSTEIN
Dem Dachstein gegenüber

Der Rötelstein (2247 m) gehört zwar zur Dachsteingruppe, ist von dieser aber durch den Sulzenhals deutlich getrennt. Auch geologisch gesehen nimmt der großartige Aussichtsberg eine Sonderstellung ein.

Route: Reithof–Lutzer Riedel–Rötelstein–Sulzenhals–Rückweg über Bachlalm oder Sulzenalm.

Anfahrt: Von Eben nach Filzmoos. Dort ein kurzes Stück Richtung Norden auf die gewaltige Bischofsmütze zu, aber gleich nach der Brücke nach rechts zum zwei Kilometer entfernten Reithof (1200 m) abzweigen. Bus: Kurs 3250.

Gehzeit: 5,5 Stunden. Anspruchsvolle Bergtour, die Trittsicherheit voraussetzt. Mäßig schwierig ist die Umrundung.

Höhenunterschied: 1150 Meter (Umrundung 750 Meter).

Karte: f & b WK 281.

Einkehr: Reithof, Bachl-, Sulzen- und Weitenhausalm. Krahlehenhütte.

Obwohl am Ausgangspunkt **Filzmoos** die Bischofsmütze den Ton angibt und auf keinem Filzmooser Urlaubsprospekt fehlen darf, steht diesmal der bescheidenere **Rötelstein** im Zentrum. Einfach ist auch die Überquerung dieses Berges nicht, aber als Alternative bietet sich mit der Umrundung des Rötelsteins eine „Tour light" an.

 Am Ausgangspunkt der Wanderung, rund um den Reithof herum, sieht man noch den rar gewordenen Pongauer **Girschtenzaun**, dessen Fertigung sehr zeitaufwendig ist und nur noch

Für den Girschtenzaun sind Fichten- und Lärchenholz, biegsame Zweige und viel handwerkliches Geschick nötig.

selten praktiziert wird. Der Ahornegger aber versteht noch dieses alte, kunstvolle Handwerk. Zur Herbstzeit zeigt er manchmal den interessierten Vorübergehenden auf seinem Reithof, wie ein Girschtenzaun aus unzähligen Fichten- und Lärchenstecken entsteht.

Vom Reithof folgt die markierte Route 670 (Rötelstein, Lutzer Riedel) noch einen Kilometer der schmalen Zufahrt. Bald nach dem Bergbauernhof, in dem die Bergbäuerin und spätere Schriftstellerin Barbara Passrugger ihre autobiographischen Romane „Hartes Brot" und „Steiler Hang" erlebte, zweigt der Weg nach rechts ab. Durch einen Lärchenwald führt der Steig auf den **Lutzer Riedel** und folgt dort einem Almzaun. Bald nach der **Ahorneggalm** (1643 m) ändert sich die Almlandschaft und macht den schroffen Kalkspitzen Platz, über die der Steig nun führt. Anfangs geht es noch durch die Latschenzone, aber je näher der Gipfel rückt, desto karger wird die Vegetation. Am Gipfel in 2247 Metern Höhe wartet ein phantastischer Ausblick auf den nahen Dachstein mit seinen gewaltigen Südwänden.
Ein Blick auf das lose, rötliche Gestein (Plassenkalk) – (Vorsicht Steinschlaggefahr!) – erklärt den Bergnamen. Der Abstieg Richtung Norden ist etwas steiler; der **Sulzenhals** und damit der Beginn der „fußfreundlichen" Strecke liegt mit 1827 Metern aber um einiges höher als der Ausgangspunkt auf der Gegenseite. Vom Sulzenhals bieten sich zwei gleichlange Abstiegsvarianten an.
Im Herbst könnte die sonnigere Route über die **Bachlalm**, wo es einen eigenen Spielplatz und Streicheltiere für die Kinder gibt,

Almsommer auf dem Rötelstein.

bevorzugt werden. Dafür muss man einen kurzen Gegenanstieg über den **Nößler Riedel** (1645 m) in Kauf nehmen, den der Panoramaweg 671 macht. An einigen Almen vorbei führt der Weg an den Ausgangspunkt zurück.

Gipfelkreuz am Rötelstein.

Auch der Abstieg vom Sulzenhals in die entgegengesetzte Richtung, über die **Sulzen**- und die **Mandlinghofalm**, ist reizvoll. Teilweise auf Forstwegen führt diese Route ab den Almen meistens im Wald zum Reithof zurück.
Die knapp fünfstündige Umrundung stellt zwar auch konditionelle Ansprüche, aber das Gehen im lockeren, steilen Fels entfällt auf dieser Variante.

ALPEN-LEINKRAUT

In den Schuttflächen der Kalkberge herrschen besondere Bedingungen. Zumeist sind sie durch die ständige Nachlieferung von verwittertem Kalk in Form von Fein- und Grobschutt in Bewegung. Nur dort, wo sich die Schuttmassen stabilisiert haben und sich Feinerde unter dem Geröll angesammelt hat, können die Pflanzensamen keimen und sich schließlich festsetzen. Die Feinerde garantiert eine ausreichende Wasserversorgung, sodass die Schuttpflanzen auch höhere Temperaturen und damit höhere Wasserverluste an sonnenreichen Tagen überstehen können. Das **Alpen-Leinkraut** *(Linaria alpina)* aus der Familie der Rachenblütler bietet mit seinen intensiv blau-violett gefärbten Blüten einen reizvollen Kontrast zur weiß-grauen Oberfläche des Kalkschutts. Die Unterlippe der Blüte trägt zudem einen orangegelben Wulst, der den bestäubenden Insekten den Weg zum Nektar weist. Das Alpen-Leinkraut ist ein typischer Schutt-Überkriecher, das heißt, der Spross legt sich mit seinen schlaffen, beblätterten Trieben über den Schutt. Im Falle von Beschädigungen durch herabkollerndes Gestein können sich die Schuttpflanzen rasch regenerieren.

16. HOCH ÜBER DEM TAPPENKARSEE

Fische für den Erzbischof

Obwohl der Jägersee und der 700 Meter höher gelegene Tappenkarsee beliebte, viel besuchte Ausflugsziele im Kleinarltal sind, lässt sich in dieser Naturlandschaft noch viel Stille finden.

Route: Parkplatz Schwabalm–Tappenkarseealm–Draugsteintörl–Gurenstein–Karteistörl–Tappenkarseehütte–Parkplatz Schwabalm.

Anfahrt: Über St. Johann oder Flachau nach Wagrein und Kleinarl bis zum Parkplatz Jägersee oder auf der vier Kilometer langen Mautstraße in den Talschluss (Wintersperre vom 15. Oktober bis 1. Juni. Eventuelle Nachtsperren beachten.).

Gehzeit: 4 1/2 Stunden (ab Parkplatz Schwabalm). Unkomplizierte Wanderung, die etwas Orientierungsvermögen verlangt.

Höhenunterschied: 1050 Meter.

Karte: f & b WK 191.

Einkehr: Gasthof Jägersee, Tappenkarseealm, Tappenkarseehütte.

Der 40,4 Hektar große **Jägersee** im hinteren Teil des Kleinarltales ist ein großartiges Naturerlebnis. Der zwar nur halb so große, aber bis zu 48 Meter tiefe **Tappenkarsee** in 1770 Metern Höhe taucht so unvermittelt auf, dass sein plötzlicher Anblick immer Begeisterung auslöst. Auch heute noch wird in den umliegenden Almen und Hütten von einem geheimnisvollen Tatzlwurm erzählt, der hin und wieder aus den Fluten aufgetaucht sein soll. Das Ungeheuer aus dem Tappenkarsee war besonders hinterlistig, holte es sich doch immer wieder Almvieh. Abhilfe schuf dann eine schwarzpulvergefüllte Kuhattrappe.

Tatsächlich gibt es im See aber Forellen und Saiblinge: Sie sind der eigentliche Schatz und waren, gemeinsam mit den Fischen des Jägersees, lange Zeit den Salzburger Erzbischöfen vorbehalten. Damit die Fische aus den erzbischöflichen „Hofküchenseen" den Weg nach Salzburg unbeschadet überstanden, wurden sie noch in Kleinarl in Butterschmalz geröstet. Heute kommt der köstliche Fisch im Gasthof Jägersee fangfrisch für jedermann auf den Teller.

Das Kleine Alpenglöckchen *(Soldanella pusilla)* bildet nur eine Blüte aus. Es wächst auf ausapernden, kalkarmen Böden.

Vom **Jägersee** (1100 m) führt ein sehr flacher, knapp einstündiger Wanderweg zur **Schwabalm** in den **Talsschluss des Kleinarltales**. Zumindest in den Sommer- und Frühherbstmonaten ist die Zufahrt über die vier Kilometer lange, mautpflichtige Straße dorthin auch mit dem Auto möglich. Nach einer kurzen Eingehphase wird der rot markierte Weg 722 Richtung Tappenkarsee bald steiler. Der Aufstieg befindet sich auf der Nordseite, gerade richtig für heiße Sommertage. Auch der Seeabfluss bahnt sich auf dieser Seite seinen Weg ins Tal und einmal kommt der Wasserfall so nahe an den Aufstieg heran, dass sich der feine Sprühregen spüren lässt. Nach eineinhalb Stunden gelangt man an den tiefgrünen **Tappenkarsee**, der ruhig vor den Wanderern liegt. Ein schmaler Uferweg führt zur 1768 Meter hoch gelegenen **Tappenkarseealm**.

An der Rückseite der Alm beginnt der Anstieg auf das Draugsteintörl. Ist der Weg bis hierher meistens gut frequentiert, wird es nun einsam. Mit angenehmer Steigung, die immer wieder von

Der Tappenkarsee mit Karteiskopf und Gurenstein.

moorigen Flachstücken unterbrochen wird, geht es auf das 300 Meter höher gelegene **Draugsteintörl**, einen der vielen Übergänge in das benachbarte Großarltal. Einmal auf dem Törl angelangt geht es allerdings nicht abwärts in das Großarltal, sondern der weitere Weg zweigt scharf nach links, Richtung Süden, ab.
Ein gut ersichtlicher Steig folgt aufwärts dem sanften Rückenverlauf mit Blick auf den Tappenkarsee auf der einen und das Großarltal auf der anderen Seite. Zwei Kilometer oder eine dreiviertel Stunde dauert dieser Teil der Höhenwanderung über den **Gurenstein** (2220 m), dann geht es über das 2149 Meter hohe Karteistörl wieder Richtung Tappenkarsee zurück. Davor liegt noch die **Tappenkarsee-Hütte** am Weg. Am Seeufer entlang schließt sich die Runde bei der Tappenkarseealm und führt auf dem bereits bekannten Steig wieder zurück ins Tal.

SCHWEFELPORLING

Viele Pilze sind Schwächeparasiten. Sie befallen einen Organismus erst dann, wenn dieser aus der so genannten „Optimalphase" in die „Altersphase" übergeht, wo weniger Energie für eine Infektabwehr zur Verfügung steht. Bei Bäumen verstreicht oft eine sehr lange Zeit, bis Pilze sich im Holzkörper festsetzen können. So etwa bei den Lärchen *(Larix decidua)*, die eine Hauptholzart in den subalpinen Regionen der Zentralalpen bilden.

An sehr alten Lärchen, die zudem durch Blitze wund geschlagen wurden, tritt der **Schwefelporling** *(Laetiporus sulphureus)* auf, einer der auffälligsten und stattlichsten Baumporlinge in unseren

Breiten. Die leuchtend gelb-orange gefärbten Hüte wachsen dachziegelartig übereinander und können eine Größe von 40 cm erreichen. Im Alter werden sie brüchig und verblassen. Der Schwefelporling verursacht die Braunfäule. Sie zersetzt das Kernholz, das schließlich in braune Würfel zerfällt. Da die meisten Bäume in ihrer Optimalphase geschlägert werden, ist der Schwefelporling bei uns selten geworden.

Die Zwerg-Primel *(Primula minima)* liebt lange schneebedeckte Flächen in der alpinen bis nivalen Stufe unserer Alpen. Ihre Blüten sind weitaus größer als die Blattrosette.

17. PENKKOPF UND KITZSTEIN
Unterwegs im Tal der Almen

Nirgendwo sonst in der Tauernregion gibt es so viele bewirtschaftete Almen wie im Großarltal. Die Wanderung über den Penkkopf führt zur Karseggalm, einer der ältesten Almen des Tales.

Route: Breitebenalm–Großwildalm–Penkkopf–Kitzstein (Gabel)–Karsegg Heimalm–Breitebenalm.

Anfahrt: Über St. Johann in das Großarltal, bis kurz nach Au die Zufahrt zur Breitebenalm nach links abzweigt. Die Zufahrt zur Alm ist von 10 bis 18 Uhr möglich. Wintersperre.

Gehzeit: 4 bis 5 Stunden. Unkomplizierte Höhen- und Almenwanderung, die etwas Orientierungsvermögen verlangt.

Höhenunterschied: 600 bis 800 Meter.

Karte: f & b WK 191.

Einkehr: Breitebenalm, Wildalm, Karseggalm.

Die „Alte Wacht". (Die letzte erhaltene Talsperre im Salzburger Land.)

Das **Großarltal** ist mit 27 Kilometern Luftlinie eines der längeren Täler in den Hohen Tauern. Das heutige Erscheinungsbild wurde von den eiszeitlichen Gletschern geprägt, die ein ansehnliches Hängetal aushobelten. Drei mächtige Klammkalkriegel queren das Tal und bestimmen das Landschaftsbild. Hoch über der begehbaren **Lichtensteinklamm** führt eine neue, imposante Straße bei der Anfahrt teils an den Hang angelehnt, dann wieder durch den Berg und über eindrucksvolle Brückenkonstruktionen ins Talinnere.

Die „**Alte Wacht**" steht noch an jenem Straßenstück, wo vor nicht allzu langer Zeit alle Fahrzeuge passieren mussten. Der romantische Holzbau wurde als Museum erhalten und stellt die letzte noch erhaltene Talsperre im Land Salzburg dar. Solche Talsperren waren eine wichtige Hilfe zur Kontrolle der Handelswaren und dienten auch dazu, dass die für den Bergbau wichtigen Lebensmittel in ausreichender Menge im Tal blieben.

Die Hüttschlagerwand im Großarltal.

Heute kann jeder Besucher die hervorragenden, hofeigenen Produkte der 210 landwirtschaftlichen Betriebe mit ihren mehr als 30 Almen erwerben. Gerade der Almbewirtschaftung kommt seit jeher im Großarltal größte Bedeutung zu. Zur 1603 Meter hoch gelegenen **Karseggalm**, der ältesten bewirtschafteten Hütte im Großarltal, führt diese familienfreundliche Wanderung.

GESCHICHTE DER ALMEN

Der hl. Leonhard ist der Patron des Viehs.

Bereits aus der Bronzezeit (1900 bis 900 v. Chr.) lassen sich deutliche Spuren einer frühen Almwirtschaft in den Salzburger Bergen nachweisen. Die Täler waren von Hochwasser, Lawinen und Vermurungen bedroht. Sie waren auch nicht so frei zugänglich wie heute, sondern meistens sehr verwachsen. Verständlich, dass die frühen Bewohner das baumfreie Gelände oberhalb der Waldgrenze bevorzugten, um hier Viehzucht zu betreiben. Auch die Suche nach Metallen brachte die Menschen nicht nur in immer größere Höhen, sondern diese ersten Bergarbeiter mussten mit lebensnotwendigen Almprodukten versorgt werden. Spielte sich zu dieser Zeit die Almwirtschaft noch über der Baumgrenze ab, so wurde in der Eisenzeit (ab 800 v. Chr.) vorsichtig damit begonnen, zusätzlichen Wald zu roden.

Einen sehr weiten Sprung nach vorne machte die Almwirtschaft wieder im klimatisch begünstigten Mittelalter. In dieser Blütezeit der Almwirtschaft lagen die Auftriebszahlen höher als heute und die Waldgrenze wurde erneut nach unten, auf 1600 Meter, verschoben. Da sich ein Großteil der Salzburger Wälder in erzbischöflichem Besitz befand, förderten die Bischöfe die Rodung des Waldes. Erst durch die Klimaverschlechterung ab dem beginnenden 17. Jahrhundert kam es zu einem Rückgang der Almwirtschaft. Vor allem die Hochalmen wurden nicht mehr genutzt.

In den letzten beiden Jahrzehnten sorgte die Einführung von Alpungsprämien zumindest für eine Stabilisierung der Auftriebszahlen. In Österreich gibt es 12.000 bewirtschafte Almen, die eine Gesamtfläche von 1,45 Millionen Hektar oder 17,3 % der Fläche Österreichs beanspruchen.

Oberhalb der **Breitebenalm** deutet eine Ahornreihe den richtigen Wegverlauf an. Bei der folgenden Weggabelung führt die Route 10 A in das Gebiet der bewirtschafteten **Großwildalm**. Dort liegt in nordöstlicher Richtung das nächste Etappenziel, der **Penkkopf**. Etwas mehr als 200 Höhenmeter sind ohne markierten Weg auf den 2011 Meter hohen Gipfel zu überwinden. Dafür laufen Viehgangeln kreuz und quer über den Hang und bieten Anhaltspunkte für einen bequemen Aufstieg. Wieder eindeutig sichtbar führt der Weg über den sanften Penkkopfrücken, vorerst in nördlicher Richtung auf den Sattel auf 1858 Meter hinunter. Interessant für Gipfelsammler ist der formschöne **Kitzstein** (2037 m) oder Gabel, wie er auch genannt wird, der sich in nordwestlicher Richtung aufbaut und nur um einige Meter höher als der Penkkopf ist.

Nach dieser einstündigen Fleißaufgabe wieder auf dem Sattel, führt der Abstieg zunächst zur **Oberwandalm** und dann weiter zur bewirtschafteten **Karseggalm**. Vor 350 bis 400 Jahren errichtet, hat sich ihr Aussehen seither kaum verändert. Die offene Feuerstelle wird heute noch zum Selchen und Käsen benutzt. Käse, Milch und andere Almschmankerln gibt es hier in 1600 Metern Seehöhe zum Ausprobieren. Zur besonderen Spezialität gehört der Knetkäse, der über dem offenen Feuer geräuchert wird. Die Runde schließt sich nach einer weiteren dreiviertel Stunde bei der **Breitebenalm**.

Am Weg zur Karseggalm.

18. SCHUHFLICKER UND PAARSEEN

Eine Wanderung wie aus der Vogelperspektive

Das 800 Hektar große Naturschutzgebiet Schuhflicker-Paarseen ist ein Wanderparadies hoch über dem Gasteiner Tal. Vom Tal aus macht der Bergrücken gar nicht den Eindruck, dass er so viel Platz für sanfte Almböden, Kletterberge und eine schöne Seenlandschaft bieten könnte.

Route: Hauserbauer–Arltörl–Schuhflicker–Paarseen–Mayerhoferalm–Hauserbauer.

Anfahrt: Durch das Gasteiner Tal in die Ortseinfahrt von Dorfgastein. Dort gleich wieder nach links und das begradigte Bachbett entlang der angeschriebenen Richtung „Hauserbauer". Parkplatz in 1100 Metern Seehöhe vor dem Berggasthof.

Gehzeit: 6 Stunden. Eher anspruchsvolle Tour, die einige ausgesetzte Passagen meistern muss. Vorsicht bei feuchten Verhältnissen!

Höhenunterschied: 1200 Meter.

Karte: f & b WK 191.

Einkehr: Hauserbauer, Mayerhoferalm (am Wochenende), Paulbauernhütte.

Der Gang über den **Schuhflicker** zu den **Paarseen** kann mit allem dienen, was die Salzburger Alpinlandschaft so wunderbar wanderbar macht. Der intakten Almlandschaft folgt Gratwandern in allen Varianten mit Blicken in das Gasteiner Tal auf der einen und das Großarltal auf der anderen Seite. Dazwischen liegt als Höhepunkt (2214 m) ein bizarrer Felsturm, der **Schuhflicker**, und schließlich erreicht die Runde noch den kleinsten jener „paar Seen". Verständlich, dass so viel Schönheit unter Naturschutz steht. Die Fernsicht zeigt die gesamte Palette alpiner Wandereinheiten in Salzburg: Die Kalkstöcke, die Niederen Tauern, die Hohen Tauern und ganz im Hintergrund ein Stück Alpenvorland.

Das erste Wegstück vom Parkplatz Hauserbauer Richtung Arltörl ist eine ideale „Eingehstrecke". Teils über Almwege, teils über Abkürzungen geht es auf jenes Törl, das lange Zeit einer der wichtigsten Übergänge in das Großarltal war. Dieser Weg war relativ lawinensicher und zu allen Zeiten begehbar. Die heute übliche Nord-Süd-Straßenverbindung wurde erst von Kuen von Belasy (1560–1586) verwirklicht. Sie hatte wirtschaftliche Hintergründe, weil sich durch den florierenden mittelalterlichen Bergbau die erzbischöfliche Kasse gut füllen ließ. Den guten Beziehungen zwischen den Tälern tat der neue Verkehrsweg keinen Abbruch, wie man heute noch an den vielen Verwandtschaften oder dem gleichen Dialekt feststellen kann.

An der kleinen Holzkapelle dreht der Weg Richtung Norden und läuft zwischen den Tälern über sanfte Almmatten auf den Schuhflicker zu. Die folgenden 100 Höhenmeter auf den schmalen

Der große Paarsee mit dem Hochkönigmassiv im Hintergrund.

Felsgipfel sind die steilsten der ganzen Wanderung. Trittsicherheit und Schwindelfreiheit sind notwendig und für die Pause bietet der kleine See unterhalb dann mehr Platz als das winzige Gipfelplateau. Der weitere Gratverlauf über den **Urkübl** erfordert wieder Konzentration, denn die Südhänge Richtung Gasteiner Tal sind sehr steil. Sofern nicht noch das **Haßeck** (2119 m) mit einem zusätzlichen Zeitaufwand von einer Stunde angehängt wird, ist der letzte Höhepunkt die Umrundung des Kleinen Paarsees. Über die Gasteiner Höhe geht es vorerst schräg und ab der Mayerhoferalm immer mehr in Falllinie talwärts. Etwas gemäßigter ist der kurze Umweg über die **Paulbauernhütte**, von der ein Wirtschaftsweg zurück an den Ausgangspunkt führt. Ein letzter Höhepunkt dieser Rundwanderung könnte noch die gemütliche Terrasse des Hauserbauern hoch über dem Gasteiner Tal sein.

Auf dem Weg zum Schuhflicker.

NATURSCHUTZGEBIET PAARSEEN – SCHUHFLICKER

Das Gebiet Paarseen – Schuhflicker – Heukareck mit seinen Seen, Tümpeln, Moorflächen und Trockenstandorten wurde aufgrund seiner weitgehenden Ursprünglichkeit, aber auch wegen seiner Schönheit zum Naturschutzgebiet erklärt.

In dem 867 Hektar großen Gebiet sind unter anderem alpine und subalpine Rasen, Schutt- und Felsspaltengesellschaften, Hochstaudenfluren, Hangflachmoore, Verlandungsmoore und Quellmulden vorhanden. An Pflanzenarten kann man in dem Gebiet Köhlröschen, Mücken-Händelwurz, Duft-Händelwurz, Grüne Hohlzunge, Kugel-Orchis, Alpenaster, Frühlingsenzian, Petergstamm und viele andere attraktive Arten antreffen.

Bei der Fauna ist neben den üblichen Wildtieren wie Reh-, Rot- und Gamswild die hohe Dichte an Murmeltieren bemerkenswert. In der Luft sind gelegentlich Steinadler zu beobachten, des weiteren kommen Kolkraben, Alpendohle und Ringdrossel vor, ebenso lebt hier das Schneehuhn in Karen oberhalb der Baumgrenze, wo es auf engem Raum nebeneinander sonnige und schattige sowie feuchte und trockene Stellen mit langer Schneebedeckung vorfindet. Die Gewässer des Gebietes sind sowohl vom Grasfrosch als auch vom Bergmolch besiedelt, die trockeneren Rasengesellschaften hingegen sind Lebensraum vieler Schmetterlingsarten, darunter der prächtige Alpen-Apollo.

Der Apollo-Falter *(Parnassius apollo)* ist eine überaus formenreiche Art. Hier ist ein Vertreter der in den Alpen vorkommenden Unterart dargestellt.

Die „Wolfsflechte" *(Letharia vulpina)* ist eine intensiv gelbgrün gefärbte Strauchflechte, die ausschließlich auf Holz oder Borke von Lärchen und Zirben wächst. Früher wurde sie zum Vergiften von Wölfen verwendet.

19. KORNTAUERN

Auf dem alten Tauernweg vom Anlauftal ins Kärntner Seebachtal

Die Wanderung auf historischen Spuren über den Korntauern erfordert Ausdauer und setzt ideale Wetterbedingungen voraus.

Route: Böckstein–Anlauftal–Korntauern (2460 m)–Mittelstation Ankogelseilbahn–Talstation–Mallnitz.
Variante: Auf der Kärntner Südseite auf dem Göttinger Steig (502) zum Hannoverhaus (2722 m, Alpenvereinshütte, idealer Ausgangspunkt für die Ankogel-Besteigung).

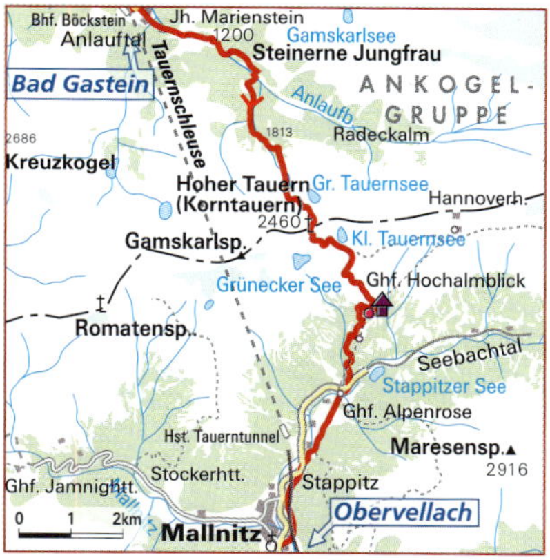

Anfahrt: Durch das Gasteiner Tal zur Bahnverladestation der Tauernschleuse in Böckstein. Kurz vor dem Bahnhof zweigt links die Straße ins Anlauftal ab. Parkgelegenheit gegenüber dem Bahnhof. Rückfahrt mit der Tauernschleuse von Mallnitz nach Böckstein: Es ist ratsam, sich bereits in Böckstein über die Fahrzeiten der ÖBB-Tauernschleuse zu erkundigen (oder Tel. 04784/60 03 90 – Bahnhof Mallnitz).

Gehzeit: 6 1/2 Stunden, Bergwanderausrüstung.

Höhenunterschied: 1300 Meter.

Karte: f & b WK 191.

Ankogelseilbahn: Auskunft über Betriebszeiten Tel. 04784/632.

Einkehr: Gasthof Alpenrose bei der Talstation der Ankogelseilbahn.

Empfehlenswerte Literatur: „Kulturwanderweg Römerstraßen", erhältlich bei der Nationalparkverwaltung Hohe Tauern in 5741 Neukirchen am Großvenediger oder beim Österreichischen Alpenverein.

Der Gedanke fasziniert: Bei der Wanderung über den 2460 Meter hohen **Korntauern** zwischen dem Anlauftal auf der Gasteiner Seite und dem Seebachtal auf der Kärntner Südseite berührt der Pfad immer wieder die teils noch sichtbaren Wegtrassen des von den Römern ausgebauten Tauernübergangs. Der Korntauern wird auch „Hoher Tauern" genannt, da er etwas höher liegt als der zweite, von Gastein ins Kärntnerische führende Übergang, der vom Nassfeld erreichbare **Mallnitzer Tauern**.

Dieser antike Straßenbau der alten Römer im alpinen Gelände war eine technische Meisterleistung, diente wahrscheinlich strategischen Zwecken und wurde in sehr kurzer Bauzeit errichtet. Der Fund eines Steinbeils belegt zudem, dass dieser Weg über die Kammlinie der Hohen Tauern auch schon in der Jungsteinzeit (3000 v. Chr.) begangen worden war. Vor allem im Spätmittelalter war der Korntauern eine wichtige Verbindung im Nord-Süd-Handel, über die mit Saumpferden Edelmetalle und im Gegenzug Getreide transportiert wurden. Für den Wanderer bietet der Anstieg zum Korntauern über den **Mindener Weg** neben den historischen Betrachtungen eine schöne Abfolge der Höhenstufen vom ungezähmten Wildbach über den steilen Bergwald bis ins unberührte und karge Hochgebirge im Kerngebiet des Nationalparks Hohe Tauern.

Wegweiser auf der Südseite des Korntauern.

FLECHTEN

In den Bergwäldern und in den Pflanzengesellschaften der höheren Bergstufen haben Flechten einen hohen Anteil an der Vegetation. Sie fallen als strauchförmige, blättrige oder krustige Gebilde auf den verschiedensten Unterlagen auf und wachsen überall dort, wo die höheren Pflanzen aufgrund widriger Standortbedingungen nicht zu wachsen vermögen. Flechten sind Doppelorganismen, die aus einem Pilzpartner (Mykobiont) und einem Algenpartner (Photobiont) aufgebaut sind. Der Pilzpartner versorgt die in ihm wohnenden Algen mit Wasser und Mineralsalzen, der Algenpartner bietet dem Pilz die Photosyntheseprodukte an, die letztlich als Lebensgrundlage für beide Partner dienen.

Flechten gehören zu den Lagerpflanzen, das heißt, sie sind nicht in Wurzel, Stamm und Blatt gegliedert wie die höheren Pflanzen. Früher fanden sie kaum Beachtung, weshalb sie als das „Pöbelvolk im Pflanzenreich" bezeichnet wurden. Heute sind sie Objekte intensiver Forschung, da sie wahre physiologische Wunderleistungen vollbringen. So können sie z. B. noch weit unter dem Gefrierpunkt Photosynthese betreiben. Gerade unsere Arten der Alpen sind unempfindlich gegenüber tiefen Temperaturen, sie sind sehr widerstandsfähig gegenüber Trockenheit und Hitze. Deswegen können sie extrem trockene, kalte und heiße Standorte besiedeln, von den Wüsten bis in die höchsten Bergregionen. Als Pionierpflanzen kommen sie auf Steinen vor, auf Rohböden, Holz und vielen anderen Unterlagen. Sie können sich sexuell durch Sporen und vegetativ durch Staubbildungen und Lagerfragmente vermehren.

Da sie einen hohen Gehalt an sogenannten „Flechtenstoffen" haben, sind viele Arten von ihnen intensiv gefärbt, je nachdem, welche Farbe die Flechtenstoffe entwickeln. In der Abbildung sind sieben verschiedene Arten von **Krustenflechten auf einem Gneisblock** zu sehen, die ein buntes Mosaik bilden. Die schwarzen Flecken sind Fruchtkörper, in denen die Sporen gebildet werden.

Vom Ausgangspunkt gegenüber dem Bahnhof Böckstein führt die Anlauftalstraße leicht ansteigend taleinwärts. Dem Bachlauf folgend erreicht dieser Talweg nach etwa 45 Minuten einen markanten Felsblock und den Ausgang des **Mindener Weges** (Nr. 516). Der „Korntauernweg" leitet nun in vielen Windungen schweißtreibend durch steiles Bergsturzgelände die Waldstufe hoch. Erst nach 300 Höhenmetern wird es neben dem gurgelnden Tauernbach flacher. Der Steig quert eine Verebnung mit Lärchen und Zirben und erreicht bereits über der Waldzone eine sumpfige Karmulde. Die nächste Steilstufe bietet einen schönen Ausblick auf den **Großen Tauernsee** (2163 m). Die auffälligen gelb-schwarzen „Landkartenflechten" überziehen Steinplatten und Felsflächen. Über Blockwerk erreicht der Mindener Weg schließlich die Passhöhe (2460 m). Ein schlichtes Eisenkreuz ziert den seit 5000 Jahren begangenen Tauernübergang.

Nach dem Überschreiten der höchsten Stelle mündet der Steig auf der Südseite gut 100 Meter unterhalb des Korntauern links in den **Göttinger Steig** (Weg 502) und führt zum Kleinen Tauernsee. Dieser eiskalte Karsee wird von schmelzenden Schneeresten gespeist. Nach einem Stück in Richtung **Hannoverhaus** führt der weitere Abstieg zur Mittelstation der Ankogelbahn (Weg 517) hinunter. Die Seilbahn ist eine willkommene Abstiegshilfe, um knieschonend ins Seebachtal nahe Mallnitz zu kommen. Von der Talstation führt ein Weg abseits der Straße in gut einstündiger Wanderung nach Mallnitz. An Werktagen verkehrt in unregelmäßigen Abständen ein Bus vom Gasthof Alpenrose (Abfahrtszeiten erfragen) zum Bahnhof Mallnitz.

BÖCKSTEINER MONTANMUSEUM HOHE TAUERN

Montanhistorische Wohn- und Werksiedlung aus dem 18. Jahrhundert im hinteren Gasteiner Tal.

Freilichtmuseum mit eingebundenem Bergbaumuseum in Böckstein. Erztransport und mittelalterliche Erzaufbereitung. Entwicklung der Bergbautechnik und Erzförderung. Geschichte des Edelmetallbergbaues im Gasteiner Bereich von 1749–1944, Salzstadl, Säumerstall, Zwei Flotationszellen, Aufbereitungsstraße. Museumsbibliothek.

Info: 5645 Böckstein, Karl-Imhof-Ring 10, Juli–August, Di–So 10.00–12.00 und 15.30–18.00 Uhr, sonst nach Vereinbarung. Museum: Tel. 06434/42 53, Kur- u. Fremdenverkehrsverband: 06434/25 31, Gemeindeamt: 06434/37 44.

20. HUNDHORN BEI ST. MARTIN
Kühle Klamm und heißer Gipfel

Auf das Große Hundhorn bei St. Martin führt ein Weg mit vielen Gegensätzen: Wildromantische Schluchten und Klammen sind genauso dabei wie sanfte Almlandschaften oder steile Gipfelanstiege.

Route: St. Martin bei Lofer–Ortsteil Strowolln–Strowollner Schlucht–Scheffsnothalm–Großes Hundhorn– Hundalm–Wildenbachschlucht–St. Martin.

Anfahrt: Über Lofer oder Saalfelden nach St. Martin. Parken im Ort oder im östlich gelegenen Ortsteil Strowolln.

Gehzeit: 5 Stunden. Eher anspruchsvolle Wanderung, da einige Steilstufen überwunden werden müssen.

Höhenunterschied: 1050 Meter.

Karte: f & b WK 101.

Einkehr: Im Ort.

Wasser spielt im **Saalachtal** eine große Rolle, nicht nur das oberirdische, sondern auch das heilkräftige Wasser in großer Tiefe. Bei Probebohrungen in St. Martin fanden die Geologen in gut 2000 Metern Tiefe 38 Grad heißes Wasser. Pläne für ein Wellnesszentrum sind schon vorhanden.

Im Saalachtal gibt es auch auffallend viele Klammen: Die **Vorderkaserklamm** und die **Seisenbergklamm** sind die bekanntesten. Weniger bekannt, aber nicht minder eindrucksvoll sind die Strowollnerschlucht und die Wildenbachschlucht, durch die die folgende Runde führt. Dazwischen liegt als höchster Punkt das 1703 Meter hohe **Große Hundhorn**.

Der gut einen Kilometer lange Weg vom Ortszentrum St. Martin in den südöstlich gelegenen Ortsteil Strowolln führt

Blick Richtung Reiter Alpe.

am Gasthof Luftenstein vorbei, überquert dort die Bundesstraße, gleich darauf die Saalach und zweigt dann nach links ab. An Höfen vorbei beginnt bald die Durchquerung der **Strowollnerschlucht**. Wer an den Steg- und Brückenkonstruktionen oder den Blicken in die Tiefe keinen Gefallen findet, für den ist die nördliche Umgehung der Schlucht ein Ausweg. 100 Meter weiter oberhalb vereinen sich die beiden Routen wieder, die Wegführung durch einen Kiefernwald bleibt aber steil. Viele wärmeliebende Pflanzen haben hier den idealen Standort gefunden. Gegenüber liegt das Barockensemble Maria Kirchenthal, das nach den Plänen des berühmten Johann Fischer von Erlach in den Jahren 1694 bis 1701 errichtet wurde.

Nach 700 steilen Höhenmetern wird der Weg bei der **Scheffsnothalm** für eine halbe Stunde flacher. Auf dem Hundsattel ändert sich noch einmal die Gehrichtung, der halbstündige Anstieg auf das **Große Hundhorn** führt durch einen dichten Latschengürtel. Nach der Gipfelrast geht der Abstieg wieder auf den Sattel zurück, von dort mit herrlichem Blick auf die Reiteralpe, dem Weg 24 zur **Hundalm** folgend. Ein sonniger Almweg führt zur Wildentalstraße. Die schmale Zufahrtsstraße führt zwar auch an den Ausgangspunkt zurück, interessanter ist aber der Weg durch die **Wildenbachschlucht**, der bald darauf abzweigt. Dass die Wildenbachschlucht ihren Namen zu Recht trägt, zeigt sich auch daran,

dass nach einem schweren Unwetter Teile der Weganlage weggerissen wurden. Der Weg wurde wieder in Stand gesetzt und wenn nicht gerade Gewittergüsse den Bach anschwellen lassen, finden sich in der Klamm schöne Plätze für Wasserspielereien.
Bevor sich die Runde, der Saalach entlang, schließt, sorgen noch die zum Naturdenkmal erklärten **Thurnlöcher** für Aufmerksamkeit. Die „Löcher" sind eigentlich riesige Felsblöcke, die nach dem Ende der Eiszeit vom Thurneck in die Tiefe stürzten und nun, zur Freude der zahlreichen Paddler, in der Saalach liegen.
Einen anderen Kampf bestritten unweit dieser Stelle die Freiheitskämpfer aus Lofer, die sich hier im Jahre 1809 dem überlegenen Franzosenheer entgegenstellten.

HÖHLEN, KLAMMEN UND QUELLEN

Obwohl die große Horizontalhöhle, die Lamprechtsofenhöhle, in Talnähe endet, liegt die Mehrzahl der bekannten Höhlen in den Plateau- und Randzonen in 1800 bis 2300 m Höhe. Die großen Karstquellen entspringen an der Basis der Nord- und Nordosthänge nur wenig über dem Talniveau.
Die nicht sehr ausgedehnten Vorberge und Flanken sind dicht bewaldet. Nur wenige Almen, vorwiegend auf der Südseite, werden heute noch bewirtschaftet.
Die Loferer Steinberge werden überwiegend unterirdisch entwässert. Nur in den Bereichen Schüttachgraben-Vorderkaser lassen sich die Gerinne hoch hinauf in die Südflanken verfolgen. Sie werden aus einer größeren Zahl kleiner Spaltquellen gespeist. Diese Gerinne bilden einige sehenswerte Klammen, wie die Teufelsklamm beim Pillersee oder die Roßruckklamm und die touristisch erschlossene Vorderkaserklamm im Schüttachgraben.
Die wichtigsten Quellgruppen liegen im Saalachtal bei St. Martin. Die Exenbachquelle am Ausgang der Loferer Hochtales ist eine Heilquelle. Die Schüttung beträgt zwischen 300 und 500 l/sec bei 5,6 °C Wassertemperatur.

21. PETER-WIECHENTHALER-HÜTTE UND PERSAILHORN
Von Einsiedlern und Höhlenmenschen

Die Rundwanderung zur Peter-Wichenthaler-Hütte führt zu den gewaltigen Steilausläufern des Steinernen Meeres. Sie zeigt aber auch, wie der Mensch gelernt hat, sich im Lauf der Zeit in den Bergen in unterschiedlichen Situationen zurechtzufinden.

Route: Parkplatz Bürgerau –Steinalm (Wege 412 b oder 412 c)–Peter-Wiechenthaler-Hütte–(Zusatzrunde: Persailhorn–Mitterhorn–Weißbach-Scharte–Wiechenthaler-Hütte)–Abstieg über Weg 412.

Anfahrt: Auf der Bundesstraße 311 an den nördlichen Ortsrand von Saalfelden und dort den großen, grünen Schildern „Einsiedelei", bzw. „Internationales Skigymnasium" bis zu den Parkplätzen am Ende der Straße folgen.

Gehzeit: 5 Stunden für die Runde über die Wiechenthaler-Hütte, 4–5 Stunden für die Zusatzrunde über Persail- und Mitterhorn. Anspruchsvolle Bergtour, die sich durch verschiedene „Extratouren" noch steigern lässt.

Höhenunterschied: 850 Meter (Peter-Wiechenthaler-Hütte) oder 1550 Meter (Zusatzrunde).

Karte: f & b WK 103.

Einkehr: Steinalm, Peter-Wiechenthaler-Hütte.

Während heute die sportliche Herausforderung oder die erholsame Stille in unserer Bergwelt gesucht wird, waren bei den alpinen Ureinwohnern Schutz und Geborgenheit vorrangige Ziele: Kleine Anhöhen mit Felsnischen und -höhlen waren ideale Rückzugsgebiete in einer Zeit, als in den Tälern Sumpf und wilde Tiere das Überleben schwer machten. So ist es nicht verwunderlich, dass auf dem **Palfen** oberhalb des Saalfeldener Beckens zahlreiche Besiedelungsspuren entdeckt wurden. Das sogenannte „Kuhloch" (eigentlich Kürloch, von küren = wählen) ist eine bronzezeitliche Höhlenwohnung und liegt, frei zugänglich, direkt am Weg zur Steinalm. Prof. Hell fand hier im Jahr 1949 Tonscherben und Tierknochen. Die **Steinalm** ist auch der Beweis dafür, mit wie viel Mühe der karge Felsboden in fruchtbare Almweide verwandelt worden ist.

In nördlicher Richtung thront weithin sichtbar die **Peter-Wiechenthaler-Hütte**. Diese Alpenvereinshütte ist auch eines jener Beispiele, dass es nicht nur um die Eroberung alpiner Regionen geht: Mit großem Aufwand und doch behutsam wurden umweltschonende Maßnahmen verwirklicht, die von einem Kanalanschluss an das 800 Höhenmeter tiefer gelegene öffentliche Netz (!) bis zur Solarenergienutzung reichen.

Beinahe wieder im Tal zeigt ein Besuch in der seit 1664 ununterbrochen bewohnten **Einsiedelei** am Palfen eine andere Art menschlicher Anpassung an die alpinen Erfordernisse. Einen ausgezeichneten Überblick auch über die geologischen Besonderheiten rund um das Saalfeldener Becken bietet das **Heimatmuseum** im Schloss Ritzen.

Bruder Franz, der Einsiedler von Palfen.

Die gesamte Hochfläche des **Steinernen Meeres** nimmt an die 60 km^2 ein und wird in der Hauptsache aus Dachsteinkalk aufgebaut. Es ist eine stark verkarstete Karrendolinenlandschaft. In den Kalken kann man Fossilien finden, wie Korallenstöcke und Fossilbänke mit großen „Dachsteinmuscheln", den Megalodonten, die früher wegen der herzförmigen oder geißfußförmigen Querschnitte als Spuren der Wilden Jagd gedeutet wurden. Weit verbreitet sind auch die Augensteine, kleine Quarzgerölle, die einst von Flüssen des Tertiärs aus dem Süden kamen.

Im Öfenbachgraben bei der Clesinsperre ist eine etwa 25 Meter mächtige Schichtfolge der Reiflinger Knollenkalke aufgeschlossen, die neun Lagen mit vulkanischen Tuffen führt. Von der Basis dieser Knollenkalke hat man aus einer 10–30 cm dichten, schwarzen Kalklage, der sogenannten „Hauptfossilbank", 157 verschiedene Fossilarten geborgen, darunter 92 Ammonitenarten.

Auf dem Weg zum Persailhorn. Gegenüber ragen die Loferer Steinberge in die Höhe.

Der alte Almweg über den bewaldeten **Palfen**, der am Ende der Zufahrtstraße über die Brücke nach links abzweigt und zugleich als Naturlehrpfad angelegt wurde, ist die kürzeste Verbindung zur **Steinalm**. Um einiges länger ist der Weg 412 b über die Haidensperre, der dem Kaltenbach folgt und dann nach links auf den **Steinkarlsteig** abzweigt. Unter überhängenden Felsen und über steile Leitern geht es bergauf, bergab durch die tief eingeschnittenen Gräben, die den Übergang zwischen Wald- und Latschenzone bilden. Als Kontrast zu dieser canyonartigen Landschaft tauchen dann die Wiesen der Steinalm auf. Gute zwei Stunden sind für diese wenig begangene, sehr lohnende Variante zu veranschlagen. Kurz vor der Steinalm treffen sich die unterschiedlichen Routen wieder. Der weitere Weg 412 c zur **Wiechenthaler-Hütte** wird nach der Steinalm wieder deutlich steiler und erfordert besonders ab dem Latschengürtel gute Trittsicherheit auf dem oft schmalen Steig. In den Sommermonaten sollte der Aufstieg zudem in den frühen Vormittagsstunden erfolgen, um der prallen Sonne zu entgehen. Die weithin sichtbare Peter-Wiechenthaler-Hütte ist ein beliebter Treffpunkt in 1752 Metern Seehöhe.

Extratour:
Das **Persailhorn** (2347 m) ist der „Hausgipfel", neben der markierten Hauptroute führen auch noch Klettersteige dort hinauf. Sehr schön, aber auch anspruchsvoll ist die weitere Runde auf das anschließende **Mitterhorn** (2491 m) und von dort in nördlicher Richtung auf das etwa gleich hohe **Achselhorn**. Dieser Weg am westlichen Rand des Steinernen Meeres bietet faszinierende Einblicke auf das Karstplateau. In Höhe der **Weißbachscharte** (2267 m) führt der vorerst steil abfallende Weg 412 wieder zur Peter-Wiechenthaler-Hütte zurück. Vier bis fünf Stunden sollten für diese zusätzliche Runde eingeplant werden.

Der weitere Hüttenabstieg ist abschnittsweise steil, großteils geht es durch einen Mischwald. Wieder im Tal führt kurz nach dem Parkplatz entweder der flache Weg 20 oder der Weg 21 nach einem kurzen Gegenanstieg bei der Einsiedelei an den Ausgangspunkt zurück. Wer die **Einsiedelei am Palfen** noch nie besucht hat, sollte die Gelegenheit für den kurzen Abstecher nutzten. Beeindruckend sind nicht nur die Georgskapelle in der Höhle und das kleine Wohngebäude, das wie ein Schwalbennest an der steilen Wand klebt, sondern auch der Bewohner, der gern von seinem Leben in der Einsiedelei erzählt. Die Einsiedelei ist ein besonders stimmungsvoller Ausklang einer langen Wanderung.

22. OCHSENHORN
Dem Himmel ein Stück näher

Nicht nur der Ausgangspunkt in Maria Kirchenthal ist ein besonderer Ort, auch die anstrengende Rundwanderung zur Schmidt-Zabierow-Hütte ist ein außergewöhnliches Unternehmen, das dem Wanderer viel abverlangt. Eine andere, kleinere Tour umrundet auf dem steilen Salzburger Steig den nördlich von Kirchenthal gelegenen Rauchenberg (1293 m) und kehrt auf alten Pfaden wieder zurück an den Ausgangspunkt.

Route 1: Ochsenhorn:
Maria Kirchenthal–Ochsenhorn–Schmidt-Zabierow-Hütte–Loferer Hochtal–Wechsel–Maria Kirchenthal.

Route 2: Salzburger Steig:
Maria Kirchenthal–Wechsel–Loferer Hochtal–Gumpinger Moos–Maria Kirchenthal.

Anfahrt: Über Lofer oder Saalfelden nach St. Martin bei Lofer. Dort der Auffahrt Maria Kirchenthal folgen. Parken am Ende der Mautstraße in 880 Metern Seehöhe.

Gehzeit: 10 Stunden (Route 1); 3 Stunden (Route 2).

Höhenunterschied: 1900 Meter, sehr anstrengend und anspruchsvoll (Route 1); 400 Meter, anspruchsvoll (Route 2).

Karte: f & b WK 101.

Einkehr: Gasthaus Kirchenthal. Schmidt-Zabierow-Hütte. Gasthöfe in St. Martin und Lofer.

Maria Kirchenthal ist ein außergewöhnlicher Ort. In einem Hochtal an der Nordseite der Loferer Steinberge gelegen bietet der umgebende Kranz wuchtiger Gipfel Schutz – oder sie wirken bedrohlich. Viele Menschen pilgern hier herauf, um zur Ruhe zu kommen. Die Berge und das 300 Jahre alte Gotteshaus spielen dabei die Hauptrolle. Das angeschlossene „Haus der Besinnung" öffnet seine Tore für viele Besucher, die auf der Suche nach innerer Wärme sind.

Das stimmungsvolle Ensemble um die Wallfahrtskirche Maria Kirchenthal.

Im Winter zieht sich die tief stehende Sonne für volle 100 Tage zurück und sendet keinen einzigen Strahl in das Hochtal, das immerhin von 18 Personen dauernd bewohnt wird. Am 11. Februar taucht die Sonne wieder auf und strahlt um die Mittagszeit genau fünf Minuten lang auf ein Marienbild an der Fassade des Mesnerhauses. Zu Maria Verkündigung, am 25. März, treffen dann die ersten Sonnenstrahlen auf die Marienstatue am Hochaltar. Damit ist die sonnenlose, aber keinesfalls dunkle Zeit überwunden.
Schuld an jenem schattigen Zustand ist das mächtige **Ochsenhorn**. Über diesen 2513 Meter hohen Felskoloss führt die sehr anspruchsvolle und anstrengende Tour in das **Loferer Hochtal**. Es gibt aber auch einen direkten Weg von Maria Kirchenthal in das Loferer Hochtal. Auf dem Salzburger Steig, der über den 1048 Meter hohen Wechsel in das benachbarte Hochtal hinüberführt, sind zwar nur 410 Höhenmeter einschließlich des Wiederaufstiegs nach Maria Kirchenthal zurückzulegen, aber auch dieser Weg hat einige schwierige Passagen.

Wegverlauf Ochsenhorn und Schmidt-Zabierow-Hütte

Von den etwas unterhalb liegenden Parkplätzen in Maria Kirchenthal führt der Weg Richtung **Ochsenhorn** und **Schmidt-Zabierow-Hütte** zunächst zur Barockkirche und dann südlich davon in den anschließenden Wald. An der Abzweigung des Salzburger Steiges und an riesigen Felsquadern vorbei wird der **Schärdinger Steig** allmählich steiler und für kurze Zeit auch feuchter. Die berüchtigte „Lahnfahrt" ist gut als solche erkennbar, Felstrümmerwerk und Moränenwälle sind die Begleiter auf dem Weg nach oben. Allmählich wird der Wald lichter und geht letztendlich ganz in einen Lärchenwald über. Kurz bevor auch die alten Lärchen an ihre Obergrenze stoßen, lohnt es sich, in 1600 Metern Höhe, die Aufmerksamkeit nach Westen zu richten. Der Schärdinger Steig zielt direkt auf eine Felsstufe, nach rechts zweigt ein unscheinbarer Steig ab und endet nach wenigen Höhenmetern vor der **Prax-Eishöhle**.

PRAX-EISHÖHLE

Der Eingang zu dieser einen Kilometer langen Durchgangshöhle ist zwar verschlossen, der kalte Wind, der durch das Gittertor bläst, lässt aber den eisigen Höhleninhalt erahnen. Die Zugluft bringt ein Windspiel zum Klingen und die tibetischen Gebetsfahnen tanzen dazu. Höhlenbesuche unter fachmännischer Führung sind möglich, eine telefonische Voranmeldung unter Tel. 06588/85 19 oder im Fremdenverkehrsverband Lofer bzw. St. Martin ist aber nötig. Der Gang durch die einen Kilometer lange Durchgangshöhle ist mäßig schwierig und dauert zwei Stunden.

Entstanden ist die Eishöhle hauptsächlich im Tertiär und in den Eiszeiten durch die aushöhlende Wirkung der Niederschlags- und Gletscherwässer sowie durch Frosteinwirkung. In der Höhle sind verschieden Falterarten und Fledermäuse zu beobachten.

Wieder auf dem Schärdinger Steig wird besagte Felsbarriere überwunden, bevor wenig später eine geräumige Biwakschachtel auftaucht, die mit allem Wichtigen für den Notfall ausgerüstet ist. Daher sollte die unversperrte Notunterkunft auch mit dem nötigen Respekt behandelt werden. Die paar Scheiter Holz, das Papier und die Zünder neben dem kleinen Ofen könnten unter Umständen lebensrettend sein.

Der weitere Weg durch die **Große Schneegrube** wird zunehmend steiler und beschwerlicher. Am **Sattelhorn** tritt eine kurze Beruhigungsphase ein, aber schon signalisiert die Abzweigung

Die Wege trennen sich. Auf das Ochsenhorn sind es noch 400 Höhenmeter.

„**Ochsenhorn**" die letzte Steilstufe vor dem Gipfel. Wer sich diese 400 Höhenmeter Blockkletterei ersparen will, verzichtet zwar auf eine beeindruckende Fernsicht, die vom Steinernen Meer bis zum Großvenediger reicht, dafür bleibt etwas mehr Zeit für die Schmidt-Zabierow-Hütte. Die beste Wahl aber ist: Zuerst der Gipfel des Ochsenhorns, dann eine Übernachtung auf der gemütlichen AV-Hütte der Sektion Passau, die in insgesamt vier bis sechs Stunden erreicht ist. Wenn der Rückweg aus dem Loferer Hochtal nach Maria Kirchenthal zu Fuß erfolgt, sind es immerhin noch vier bis fünf Stunden Gehzeit. In ständigem Auf und Ab führt der Weg durch einsame Kare zur einzigen bewirtschafteten Hütte in den Loferer Steinbergen. Auffallend sind dabei die zahlreichen versteinerten Muschelschalen entlang des Weges.

Der Abstieg von der 1899 errichteten **Schmidt-Zabierow-Hütte** führt über die so genannten Treter, das sind drei „Stockwerke", die im Abstand von jeweils einer halben Stunde untereinander liegen. Auch der gewaltige eiszeitliche Gletscher, der aus den beiden Wehrgruben versorgt wurde, nahm vor 11.000 Jahren diesen Weg und schuf jenen Moränenwall, der auf der westlichen Seite das **Strubtal** vom Loferer Hochtal trennt. Der markierte Steig verläuft zur östlich gelegenen **Schwarzwand**, bevor das Gelände ebener wird. Wenn hier im Loferer Hochtal kein Wandertaxi oder zweites Fahrzeug wartet, dann bleibt nur der Rückweg über den Salzburger Steig, der, schon nahe am Talausgang, nach rechts abzweigt. Zusätzliche 370 Höhenmeter oder knappe 2 Stunden stehen dann am Ende einer ausgiebigen Tour, die sich gerade noch an einem Tag verwirklichen lässt.

Wegverlauf Salzburger Steig

An der Südseite des „Pinzgauer Domes" vorbei, wie die Wallfahrtskirche Maria Kirchenthal auch genannt wird, folgt der Weg noch kurz der Route Richtung Ochsenhorn, zweigt dann aber nach rechts ab. Durch einen Mischwald führt der **Salzburger Steig** kurz und steil auf den **Wechsel**, der mit 1048 Metern auch der höchste Punkt der Rundwanderung ist. Steil windet sich der Weg 71 nun durch Felsen unterhalb des Rauchenberges und die kommenden Passagen verlangen erhöhte Konzentration. Das Gelände wird allmählich angenehmer und trifft eineinhalb Stunden später in 680 Metern Höhe auf die Zufahrt in das Loferer Hochtal. Der Weg 70 zweigt nach rechts ab und führt am südwestlichen Ortsrand von Lofer vorbei durch das **Gumpinger Moos**.
Um wieder in die Hochebene von Maria Kirchenthal zu gelangen, gibt es verschiedene Wege. Einer davon ist der gemütliche **Tiroler Steig**, ein anderer ist der neu errichtete „alte Pilgerweg", der von St. Martin ausgehend nach eineinhalb Kilometern oder 240 Metern Höhendifferenz sein Ziel inmitten der Loferer Steinberge erreicht.

23. SCHNEEBERG
Dreigipfeltour mit grenzenlos schönen Aussichten

Die sanften, von Bergwiesen und Almen überzogenen Dientner Berge sind ein Wanderparadies für die ganze Familie. Eines der schönsten Ziele ist der Schneeberg, direkt gegenüber dem fast-Dreitausender Hochkönig. Zwei unterschiedliche Routen führen auf diesen Berg.

Route 1: Dientner Sattel–Tiergartenalm–Sunnhüttl–Kollmannsegg–Schneeberg–Karbachalm–Fellersbach–Dientner Sattel.

Route 2: Jausenstation Ottino–Moosalm–Moaralm–Ahornstein–(Schneeberg)–Sulzbühel–Huberalm–Ottino.

Anfahrt Dientner Sattel (Route 1): Über Bischofshofen, Maria Alm oder Lend auf die Dientner Landesstraße. An der höchsten Stelle, dem Dientner Sattel in 1370 Metern Höhe, befindet sich ein Parkplatz.

Anfahrt Jausenstation Ottino (Route 2): Ziemlich genau auf halbem Weg zwischen Dienten und Lend befindet sich das Sägewerk Feroli. Dort zweigt der Schwarzenbach-Güterweg ab. Am Ende der 2,5 Kilometer langen Klammstraße liegt die Jausenstation Ottino.

Gehzeit: 4,5 Stunden (Route 1); 5,5 Stunden (Route 2).

Höhenunterschied: 700 Meter, unkomplizierte Wanderung auf häufig begangenen Wegen (Route 1); 900 Meter, einsame Höhenwanderung, die manchmal Sinn für Orientierung verlangt (Route 2).

Karte: f & b WK 103.

Einkehr: Birgkar-Haus, Mittereggalm, Dientalm, Tiergartenalm, Sunnhüttl, Karbachalm (nur bei Liftbetrieb), Ottino, Huberalm.

Eine herausragende Erscheinung in den **Dientner Bergen** ist der 1939 Meter hohe **Schneeberg**, auf den viele Wege führen. Einer davon benützt den 1375 Meter hoch gelegenen Dientner Sattel als Ausgangspunkt und nähert sich über das Kollmannsegg und den Ahornstein. Ein anderer, weniger frequentierter Anstieg durchquert die Almlandschaft auf der Südseite.

Der Ahornstein liegt dem Hochkönig genau gegenüber.

Wegverlauf Route Dientner Sattel

Vom Dientner Sattel in Richtung Schneeberg sind viele Almen angeschrieben. Die erste, in unmittelbarer Parkplatznähe, ist die **Dientalm**, eine halbe Stunde später folgt die **Tiergartenalm**. Kurz vor dieser Alm, die gerade wieder erweitert wird, zweigt der Weg Richtung „Sunnhüttl" auf einen Steig nach rechts ab. Beim **Sunnhüttl**, einem Flachdachbau in Fertigteilhaus-Optik, beginnt mit dem Gang über Kollmannsegg, Ahornstein und Schneeberg der schönste Teil der Wanderung. Auf saftigen Almmatten grasen mit den „Pinzgauern", den „Schwarzen" und den selten gewordenen „Tirolern" Vertreter der gängigsten alpinen Milchkuhrassen.

Das Pinzgauer Rind, die einzige in Österreich gezüchtete Rasse mit Weltgeltung.

Höchster Punkt der Gipfelwanderung ist der 1939 Meter hohe Schneeberg mit Aussicht auf die Niederen Tauern.
Der Abstieg führt an dem etwas unterhalb von der Bergrettung errichteten Kreuz vorbei Richtung **Karbachalm** in das Gebiet der Skilifte. Entweder direkt über die begrünte Abfahrtstrasse oder auf dem breiten Weg außen herum geht es an der nur im Winter geöffneten Jausenstation Fellersbach vorbei zur Talstation der Gondelbahn. Von hier aus sind es zum **Birgkarhaus** noch 25 Minuten, die durch einen Wald, eine sumpfige Orchideenwiese und einen glasklaren Bach kurzweilig ausfallen.

RING-DÜNGERLING

Auf den Almen, die im Sommer von Rindern und Pferden bestoßen werden, sammelt sich naturgemäß eine Menge an Dünger an. Kuhfladen und Rossäpfel sind jedoch nicht wertlos, sondern sie enthalten eine Fülle energiereicher organischer Substanzen (Bakterien, Einzeller, abgestorbenes Darmepithel, unverdaute Pflanzenreste). Käfer, Fliegen, Fadenwürmer, Milben und

Pilze, haben im Laufe der Evolution gelernt, Dung als Nahrungsgrundlage zu nutzen und die verbliebenen energiereichen Substanzen abzubauen. So sind Kuhfladen und Rossäpfel an schönen Sommertagen ein Tummelplatz für die verschiedensten Insekten.

Dung aus der späten, kälteren Jahreszeit bleibt zunächst weitgehend unverändert auf dem Almboden liegen. Unter der feuchten, vor Kälte schützenden Schneedecke entwickeln sich dann die dungbewohnenden Pilze. Eine in den Zentralalpen häufig auftretende Art ist der **Ring-Düngerling** *(Anellaria semiovata)*, dessen glockige, graue bis rotbräunlich gefärbten Fruchtkörper auf langen Stielen aus den Kuhfladen ragen. Er liefert einen wichtigen Beitrag zum Abbau des Rinder- und Pferdemistes auf unseren Almen.

Wegverlauf Ottino

Die Anfahrt zum Ausgangspunkt, der 1100 Meter hoch gelegenen Jausenstation Ottino, ist ein Abenteuer für sich. Dann führen die Wege durch eine schöne, wenig begangene Almlandschaft. Zur Moosalm führt noch ein breiter Almweg oder als schnellere Variante ein Steig, der sich am Graben orientiert, um dann vor der Grabenquerung wieder auf den sicheren Almweg zu treffen. Dreihundert Höhenmeter weiter oberhalb in nördlicher Richtung liegt die **Moaralm**. Nach den sonnigen Hängen verschwindet der Pfad oberhalb der Moaralm für kurze Zeit im Wald, aber der **Ahornstein** (1855 m) taucht bald auf. Ein einfaches Holzkreuz steht auf dem Gipfel und es gibt schöne Plätze für eine Gipfelrast. Der etwas höhere, östlich gelegene **Schneeberg** (1939 m) ist in einer Dreiviertelstunde bequem zu erreichen.

Wieder zurück auf dem Ahornstein ermöglicht der Weg 24 über den Sulzbühel und die bewirtschaftete **Huberalm** eine lohnende, nur wenig längere Abstiegsalternative an den Ausgangspunkt, zur Jausenstation Ottino.

24. SPIELBERG
Leoganger Bergschätze

Die Gegend rund um Leogang hat eine lange Bergbautradition. Die Wanderung auf das Spielberghorn führt zu den schönsten Plätzen über und unter Tag.

Route: Talende Schwarzleo (Schaubergwerk)–Voglernalm–Spielbergalmen–Spielbergtörl–Spielberghorn–Scheltaualm–Adamalm–Parkplatz Schwarzleo.

Anfahrt: Über Saalfelden nach Leogang. Vier Kilometer weiter Richtung Hochfilzen liegt der Ortsteil Hütten. Dort zweigt die ebenfalls vier Kilometer lange Zufahrt zum Schaubergwerk Schwarzleo nach links ab. Großer Parkplatz am Straßenende.

Gehzeit: 5–6 Stunden. Mäßig schwierige, wenig frequentierte Bergtour, in der es eine Steilstufe zu überwinden gilt.

Höhenunterschied: 1050 Meter.

Karte: f & b WK 382.

Einkehr: Knappenstube Unterberghaus, Adamalm, Scheltaualm.

Sehr sehenswert: Bergbaumuseum in Hütten und Erlebnisschaubergwerk Schwarzleo. Öffnungszeiten: Mai bis Oktober 11–17 Uhr. Montag Ruhetag.

In einem Ort, der Hütten heißt, dreht sich natürlich alles um den Bergbau. Zwar wurde der aktive Abbau im Jahre 1970 eingestellt, aber die Spuren aus mindestens einem halben Jahrtausend erfolgreicher Bergwerksgeschichte sind unübersehbar. Einen Überblick kann man sich im 1992 eröffneten **Bergbaumuseum** verschaffen. Auch die Fahrt zurück zum Ausgangspunkt der Wanderung wird vom Bergbau geprägt. Der fünf Kilometer lange Montanlehrpfad, die Pucherhäuslquelle mit dazugehöriger Knappensage und vor allem das Schaubergwerk am Ende der Zufahrt sind Landesgeschichte für die ganze Familie.

HISTORISCHER BERGBAU IM SCHWARZLEOTAL

Die Gegend rund um **Leogang** ist seit jeher bekannt für ihren Erzreichtum. Während sich die ältesten Leoganger Kupferschmelzplätze bereits in der Zeit um 1200 v. Chr. nachweisen lassen, stammt der erste urkundliche Hinweis auf die Bergwerkstätigkeit im **Schwarzleotal** aus dem Jahre 1425. Diese Region sollte sich im Laufe der Jahrhunderte als eine der mineralreichsten Lagerstätten des Landes herausstellen. Wurden vorerst hauptsächlich Kupfer und Blei in beträchtlichen Mengen abgebaut, so stießen die erzbischofstreuen Knappen nach den Wirren der Reformationszeit auf besonders reiche Kobalt- und Nickelvorkommen. Vor allem die für die Farben- und Glasindustrie wichtigen Kobalterze waren ein wichtiger Exportartikel.

Ende des 18. Jahrhunderts war Leogang wegen seines Reichtums an Kobalt- und Nickelerzen in ganz Europa berühmt. In der 2. Hälfte des 18. Jahrhunderts kam es zum Niedergang der Bergbaue. 1812 wurde der Bergbau Nöckelberg und 1828 Schwarzleo aufgelassen, doch bereits 1850 wurde Nöckelberg wieder in Betrieb genommen. Es erlebte kurzfristig eine Blüte, bis nach der Entdeckung der billigen neukaledonischen Erze der Nickelpreis fast um die Hälfte sank und der Bergbau endgültig eingestellt wurde.

Im Jahr 1920 wurde bei der Inschlagalm Magnesit gefunden und zwischen 1936 und 1970 abgebaut.

Auf den Halden des Bergbaus Nöcklberg kann man in den hellbraunen Gesteinen Erzstreifen finden, die aus Kupferkies, Fahlerz, Kupferirding und Pyrit bestehen.

In Schwarzleo befinden sich die Erze in den Dolomit- und Quarzitgesteinen, die in Grauwackenschiefer eingelagert sind. An Erzen kann man Schwefelkies, Kupferkies, Bleiglanz, Fahlerz, Buntkupferkies und Nickelerze finden.

Stabile Zaunkonstruktionen aus Holz markieren die Grenzen von Almflächen. Sie können auch vom Großvieh nicht zerstört werden und halten mehrere Jahrzehnte.

Vor der Scheltaualm.

Vom letzten Parkplatz im Schwarzleotal geht es zur wenige Minuten entfernten Knappenstube „Unterberghaus" mit dem anschließenden Schaubergwerk. Bald danach zweigt der Weg 33 auf das Spielberghorn über den Bach nach rechts ab. Es folgen Almen wie die Voglern-, die Hund- und die Adamalm. Zu den **Spielbergalmen** führt noch ein breiter Weg, dann geht es über einen flachen Steig zum Spielbergtörl und sehr steil und manchmal rutschig auf das 2044 Meter hohe **Spielberghorn**. Der Gipfel bietet einen schönen Ausblick auf die umliegende Bergwelt und die verbliebenen Bergbaue: Richtung Norden, neben dem Griesenpaß, liegt das Magnesitwerk.
Mit dem Werk durch eine fünf Kilometer lange Materialseilbahn verbunden liegt das stufenförmig in den Berg getriebene Abbaugebiet am nördlichen Bürglkopf. Der Abstieg wendet sich aber der unberührten Natur zu und folgt dem Spielberghornrücken in östlicher Richtung. In einer Scharte zweigt ein markierter Weg nach rechts ab und führt an einer Quelle vorbei zur bewirtschafteten **Scheltaualm**. War der Weg bis hierher zum Teil alpin, wird es nun wieder gemütlich. Der breite Weg führt zur **Adamalm** hinunter. Der letzte Teil der abwechslungsreichen Runde folgt dem bereits bekannten Anstieg.

25. ZWISCHEN NIEDERSACHSEN-HAUS UND POCHKARSCHARTE
Tauerngold

Einst füllten die Erzreviere der Goldberggruppe die erzbischöfliche Schatzkammer, heute sind sie ein wichtiges Juwel des Nationalparks Hohe Tauern, das auf unterschiedlichen Wegen erwandert werden kann.

Route: Kolm Saigurn (Lenzanger)–Niedersachsenhaus–Kolmkar- und Pochkarscharte (Bockhartscharte)–Filzenalm–Rauriser Urwald–Kolm Saigurn.

Anfahrt: Über Taxenbach in das Rauriser Tal und weiter in den Talschluss des anschließenden Hüttwinkltales. Der letzte Teil der Anfahrt ist eine gut ausgebaute, steile Mautstraße, die auf dem Parkplatz Lenzanger in 1550 Metern Seehöhe endet. Von hier aus oder auch schon von der Mautstelle Bodenhaus pendelt ein Bus nach Kolm Saigurn.

Gehzeit: 6 Stunden. Anspruchsvolle Bergtour. Gute Ausweichmöglichkeiten für kleinere, familiengerechte Wanderrunden.

Höhenunterschied: 850 Meter.

Karte: f & b WK 193.

Einkehr: Ammerhof, Naturfreundehaus, Niedersachsenhaus, Durchgangalm, Filzenalm.

Die **Goldberggruppe** im Herzen der Hohen Tauern gehört zu den herausragenden Erscheinungen innerhalb der Salzburger Bergwelt. Hier liegen mit Sonnblick, Schareck oder Hocharn einige der bekanntesten Dreitausender des Landes; vor allem basieren der Glanz und Reichtum der Stadt Salzburg zu einem gehörigen Teil auf Tauerngold.

Vor 4000 Jahren wurde das Tauerngold erstmals entdeckt, die Kelten und auch die Römer wussten von den Vorkommen, aber erst vom 15. bis zum 17. Jahrhundert erlangte Salzburg den Ruf als erzreichstes Land Europas. Allein in Rauris und im benachbarten Gastein gab es zur Blütezeit des Goldbergbaus nicht weniger als 30 Gewerke mit 2000 Knappen.

Die Spuren jenes goldenen Zeitalters sind auch heute noch im Tal zu sehen. Egal, ob man durch den Ort **Rauris** mit seinen Gewerkenhäusern fährt oder zu Fuß durch die Bergwelt streift, die Zeugen des Bergbaus sind überall anzutreffen. So auch bei dieser Wanderung, die im Talschluss ihren Ausgang nimmt und diesmal nicht dem Tauerngold-Rundwanderweg folgt, sondern eine weniger begangene Runde über das Niedersachsenhaus und die Pochkarscharte zum Ziel hat.

Kurz vor dem Niedersachsenhaus.

Ausgangspunkt der Wanderung ist der Parkplatz Lenzanger am Ende der steilen Mautstraße. Diese freie Ebene schien sich besonders als letzter Parkplatz vor dem Talschluss von **Kolm Saigurn** zu eignen, weil hier alle Aufforstungsversuche fehlschlugen. Den Grund für den Misserfolg suchen die Fachleute in der Resteablagerung aus der Zeit des späten Goldbergbaus, als noch mit Quecksilber gearbeitet wurde. So sind schon am Ausgangspunkt die Spätfolgen des Goldabbaus ersichtlich. In **Kolm Saigurn** aber, das entweder in 20 Minuten zu Fuß oder mit dem öffentlichen Bus erreicht wird, warten eindrucksvollere Zeugen aus der Goldgräberzeit: Alte Mauerreste, eine kleine Kapelle, das renovierte Naturfreundehaus und die zu einem Nationalpark-Informationszentrum umgebaute Zimmererhütte geben ein lebendiges Bild aus vergangenen Tagen.

Der **Ammererhof** steht in westlicher Richtung etwas abseits ein paar Meter oberhalb. An dieser traditionsreichen Gaststätte und der anschließenden **Erlehenalm** vorbei verläuft der Weg Richtung Niedersachsenhaus in die Höhe. Bei einer Weggabelung zweigt die Route zum „Neubau" mit den anschließenden Schaupfaden („Tauerngold" und „Gletscher") nach rechts ab (Gehzeit insgesamt 5 Stunden).
Beim Aufstieg zum **Niedersachsenhaus** sieht man aus etwa 2000 Metern Höhe das zungenförmige Relief der Rutschung. Die lehmige, feinkörnige Grundmoräne, die den Untergrund des Berg-

Weg durch den Rauriser Urwald.

rutsches bildet, lässt das Regenwasser nicht versickern. Es sammelt sich in Tümpeln und Weihern.
Der Weg zum Niedersachsenhaus wird zunehmend steiler. Schon vom Tal aus sichtbar ist das Haus auf dem Felsrücken in gut zwei Stunden erreicht. Nach einem verheerenden Brand 1984 wurde es, ausgestattet mit zeitgemäßem Komfort, wieder aufgebaut und bietet den Wanderern Platz für einen Zwischenstopp. Mit Aussicht auf **Schareck** und **Sonnblick**, auf dem das höchste Observatorium Europas steht, ist der Besuch im Niedersachsenhaus (2471 m) ein unvergessliches Erlebnis, bevor es über den **Senator-Beindorff-Weg** (111) in nördlicher Richtung weitergeht.
Anfänglich noch steil auf der Gasteinertalseite gelangt der Abstieg aber bald in gemütliche Regionen. Zwischen **Kolmkarscharte** und **Pochkarscharte (oder Bockhartscharte)** sind die vielen Schafe, die von der Gasteiner Seite, aus dem Nassfeld, heraufgetrieben werden, zu beobachten. Wie die alten Bergwerksbegriffe „Kolm“ und „Pochen“ schon vermuten lassen, befand sich auch in diesem Gebiet ein ergiebiges Erzrevier. Vereinzelte Halden und Rampen, die zu den verschütteten Stollen führen, sind noch deutlich zu sehen. Dazwischen wachsen Arnika, Eisenhut oder Bergnelkenwurz.
Unterhalb der 2226 Meter hoch gelegenen Bockhartscharte befindet sich der **Pochkarsee**, der Weg aber wendet sich in die Gegenrichtung, in das westlich gelegene **Filzenkar**. Ein gemütlicher Weg führt durch Almrausch- und Schwarzbeerfelder in die Ebene rund um die Filzenalm. Bevor sich die Runde Richtung Kolm Saigurn und Ammererhof schließt, wartet mit dem Rauriser Urwald noch ein besonderer Höhepunkt: Durch den naturbelassenen Bergsturzwald mit mehr als 80 Moortümpeln führt ein Lehrweg, den der Österreichische Naturschutzbund angelegt hat.

RAURISER URWALD

Als **„Sonderschutzgebiet Durchgangswald“** mit knapp 1 km^2 Fläche genießt es den größten Schutz im Gebiet des Nationalparkes Hohe Tauern. Er ist ein uriger Blockwald mit zahlreichen Moortümpeln. Die herumliegenden, mehrere Kubikmeter großen Blöcke stammen von einem Bergrutsch. Die Gletscher der

Eiszeit haben das ursprüngliche V-Tal vertieft, ausgeräumt und zu einem U-Tal umgeformt. Nach dem Rückgang der Gletscher glitten die unterschnittenen Hänge, besonders jene der östlichen Talflanke, entlang der Schieferung des Gesteines zu Tal und bildeten das große Bergrutschgebiet des Rauriser Urwaldes. Auf der westlichen Seite sind noch deutlich die Spuren des **Gletscherschliffes** zu erkennen. Auch die „Steinbrüche" südlich von Wörth im Rauristal liegen in einem derartigen Bergrutschgebiet. Ohne Aufenthalt benötigt man für das Durchwandern des Waldes etwa eine halbe Stunde. Dreizehn Holztafeln und ein kleines Waldmuseum erläutern dem Besucher Flora, Fauna und Geologie.

Lärchen, Zirben und 300-jährige Fichten leben nebeneinander und sind oft dicht mit Flechten bewachsen. Sehr schön lässt sich die Anpassungsfähigkeit der Bäume an Extremsituationen studieren. Ein ganz besonderes Gepräge entsteht aber durch die vielen schwarzen **Moorlacken**, in denen sich Bäume und die umgebenden Berggipfel malerisch spiegeln. Dass hier die Welt noch in Ordnung ist, wird auch an den vielen Ameisenhaufen deutlich.

„Lange Bartflechte" *(Usnea longissima)* ist heute nur mehr in wenigen Tälern unserer Alpen vorhanden. Ihr Lager bildet Fäden, die meterlang von den Ästen der Fichten hängen und schöne Girlanden bilden.

26. GRUBERECK UND BERNKOGEL
Jedem das seine

Die Runde hoch über Rauris ist eine genussvolle, aussichtsreiche Tour. Die Besteigung des Bernkogels sollte Geübten vorbehalten bleiben!

Route: Abzweigung Zöllnerweg oberhalb Rauris–Grubereck–entweder weiter zum Bernkogel oder Abstieg zur Karalm–Lackwald–Ausgangspunkt.

Anfahrt: Von Taxenbach nach Rauris, Ortseinfahrt Rauris-Nord. Nach etwa 100 Metern zweigt links die Zufahrt zum Sonnblickbad ab. Vom Freibad schließt der Zöllnerweg in Richtung Jausenstation Schrieflingbauer an. Anfahrt mit dem PKW, bis in ca. 1200 Metern Höhe rechts eine Forststraße ihren Ausgang nimmt (Wegweiser Bernkogel 1/Grubereck 3/Schrieflingbauer). Beschränkte Abstellmöglichkeit.

Gehzeit: 5 1/2 bis 7 Stunden. Bergwanderausrüstung, Markierungen beachten.

Höhenunterschied: 980 bis 1300 Meter.

Karte: f & b WK 191 oder 193.

Einkehr: Jausenstation Karalm, bewirtschaftet von Anfang Juni bis Ende September.

Sehenswert: Rauriser Talmuseum im Ort, in den Sommermonaten täglich außer Donnerstag von 10 bis 12 und 16 bis 18 Uhr geöffnet.

Als freier, unbewaldeter Klotz erhebt sich das **Grubereck** über dem Ort. Die Rauriser bezeichnen den 2167 Meter hohen Gipfel gerne als ihren „Hausberg". Erste Gedanken verbinden **Rauris** natürlich mit dem Goldabbau vergangener Jahrhunderte und noch heute zeugen die Gewerkenhäuser im Ort von der für Rauris gol-

denen Zeit, die ihm den Beinamen „güldenes Städtchen" eingebracht hat.
Das Grubereck bietet bereits beim Anstieg immer wieder einen umfassenden Rundblick, genauso wie sein Nachbar, der **Bernkogel**, nördlichster Gipfel am Kamm zwischen dem Rauriser- und Gasteiner-Tal. Während die Besteigung des Gruberecks Ausdauer voraussetzt, verlangt der Bernkogel zusätzlich Trittsicherheit und Schwindelfreiheit. Bei Nässe sollten die Aktivitäten auf das Grubereck begrenzt bleiben.

Gipfelkreuz am Grubereck.

Von der bei der Anfahrt beschriebenen Abzweigung führt die Route auf dem Zöllnerweg noch einige Kehren bergauf in Richtung **Jausenstation Schrieflingbauer**. Kurz davor zweigt der markierte Weg zum Grubereck (Weg 3) bei einem Gehöft nach rechts ab. Vom Weidegatter geht es anfangs über Wiesenhänge mäßig bergauf. Der Weg erreicht bald eine Almhütte und windet sich nun etwas steiler abwechselnd über Wiesen und durch Waldpassagen in die Höhe. Bei einer Jagdhütte an der Baumgrenze findet sich ein schöner Rastplatz, bevor der Pfad am breiten Wiesenrücken mit Blick nach Norden und ins gut eintausend Meter tiefer gelegene Raurisertal zum **Gipfel des Grubereck** (2167 m) hinaufleitet. Auffallend viele Bauten haben die Roten Waldameisen beiderseits des Weges angelegt.

Vom Gipfelkreuz schlängelt sich der Wiesenpfad (Wegweiser Karalm) den Markierungen folgend zum Sattel zwischen Grubereck und **Sladinkopf** hinab und trifft auf den von der Karalm kommenden Weg. Der Steig wird entweder gleich oder nach der Ersteigung des Bernkogels für den Abstieg zur **Karalm** genützt. Wer zum Bernkogel weiterwill, steigt (Wegmarkierung 1) bergauf, umrundet die Westflanke des Sladinkopfes und erreicht den Fuß des Bernkogel-Gipfels. Von einer Unterstandshütte geht es über die teils seilgesicherte Felsstufe und durch Grasflanken auf einem schmalen Steig zum Gipfel (2325 m).

Vom vorher erwähnten Sattel führt der Abstieg (Weg 1) über Almwiesen mit Arnikabeständen und durch den lichten Waldgürtel bis kurz vor die in den Sommermonaten bewirtschaftete Karalm. Hier weist ein Wegschild (Weg D „Lackwald") rechts nach Rauris. Nach einem kurzen Wiesenstück verläuft der Weg meist im Wald und quert zweimal eine Forststraße, auf der man letztlich wieder den Ausgangspunkt erreicht.

Abstieg auf dem Weg durch die steilen Grasflanken des Bernkogels.

ALPENDOHLE

Hat der hungrige Wanderer in luftigen Höhen einen windgeschützten Platz für die verdiente Bergjause gefunden, dann kommen sie, nicht nur einzeln, sondern in Scharen: die Bergdohlen. An ihrem tiefschwarzen Gefieder mit grünlichem Schimmer auf Flügeln und Schwanz und ihrem gelben Schnabel sind sie leicht zu erkennen. Die Beine und Füße sind orange bis hellrot. Mit ihrem durchdringenden, hohen bis schrillen Ruf erbetteln sie sich auf vielbegangenen Gipfeln das Futter.

Die Alpendohlen sind hervorragende Flieger. Mit angelegten Flügeln stürzen sie sich spielerisch die Steilwände hinunter und erreichen dabei Geschwindigkeiten von über 200 km/h. Auch sind sie ausgezeichnete Gleitflieger, die die Strömungsverhältnisse der Luft geschickt ausnützen können. Diese neugierigen, verspielten Vögel fürchten den Menschen nicht. Sie erreichen ein Alter von etwa 16 Jahren und werden damit relativ alt.

Wollgrasbestände in der anmoorigen Senke zwischen Gruberеck und Sladinkopf (Scheuchzers Wollgras)

27. HINTERSEE
Ein Bergsturz mit Folgen

Der malerische Hintersee im Felbertal ist ein idealer Zielpunkt für eine Familienwanderung oder ein günstiger Ausgangspunkt für eine hochalpine Tour im Nationalpark Hohe Tauern.

Route: Schößwendklamm–Hintersee–Nassfeld (Plattsee) –Trudental–Hintersee.

Anfahrt: Von Mittersill 8 Kilometer auf der Felbertauernstraße bis zur Abzweigung „Hintersee". Kurz darauf folgen der Parkplatz Schößwendklamm und 3,5 Kilometer später der Parkplatz Hintersee.

Gehzeit: Bis zum Hintersee: 1,5 Stunden. Naturlehrpfad: 45 Minuten. Plattseerunde: 4 Stunden.

Höhenunterschied: 300 Meter (bis zum Hintersee), 80 Meter (Naturlehrpfad), 900 Meter (Plattensee-runde).

Karte: f & b WK 121.

Einkehr: Tauernhaus Spital, Gamsblick.

Die Geschichte des Hintersees beginnt mit einem gewaltigen Erdbeben im Jahre 1495. Der nachfolgende Bergsturz führte zum Entstehen eines Gebirgssees und jener sanften Barriere, auf der heute ein Naturlehrpfad für die ganze Familie angelegt ist. Heute gehört der **Hintersee** dem Bräurupp aus Mittersill, der seit 1866 über das größte private Angelrevier in Österreich verfügt. Das Gebiet ist nicht nur für Fliegenfischer ein Eldorado, auch für die Mineralogen ist es eine Fundgrube. Auch wer auf alten Säumerspuren wandeln will, ist hier richtig.

Im Felbertal herrschen Gesteine der Habachformation vor, vorwiegend Amphibolite. Nur im oberen Teil des Amerbaches treten Granitgneise des Granatspitzkerns auf. Als Randgesteine kommen auch Quarzit und Serpentin vor.

Beiderseits des Wanderweges findet man Reste zahlreicher aufgelassener **Bergbaue**, so Gaiswand (Erzgänge in Chloritschiefer mit Pyrit, Pentlandit, Arsenkies, Magnetkies, Kupferkies), Großbruck (Talk in Sepentinbegleitgesteinen, daneben noch Aktinolith, Fuchsit, Breunnerit, Calcit, Asbest), Schößwend (südwestlich vom Tauernhaus gelegener ehemaliger Abbau auf Pyrit, Bleiglanz, Kupferkies und Stephanit) und Westfeld (Wolfram-Lagerstätte: Scheelit. Vererzungen von vorwiegend Pyrit, Molybdänglanz, Kupfer- und Magnetkies sind an Hornblendit oder Grobkornamphibolit und Quarzit gebunden) auf der Westseite des Felbertales und Santenalm auf der Ostseite.

Bachaufwärts liegt der durch einen Bergsturz im Jahre 1495 aufgestaute **Hintersee**. In der Nähe wurde 1967 das Wolframvorkommen (Scheelit) bekannt.

Bei der **Hinterseealm** beginnt der Naturlehrpfad mit Hinweisen auf die Entstehung des Hintersees. Der eigentliche Lehrpfad befindet sich auf der Nordseite des Sees. Der Rundweg ist in gemütlichen 45 Minuten zu bewältigen.

Die Schößwendklamm

HEIDNISCHE KIRCHE:
Im **Amersbachtal**, dem östlichen Ast des Felbertales, befindet sich ein auffallender Bergsturzblock, der in der Mitte auseinandergebrochen ist: Er besteht aus Zentralgneis des Granatspitzkerns wie im oberen Teil des Amerbaches.

Ganz nach Gehlaune lässt sich die Wanderung unterschiedlich beginnen: Frühester Einstieg ist die **Schößwendklamm** gleich nach der Abzweigung von der Felbertauernstraße. Wer mit dem Auto zum 3,5 Kilometer entfernten Hintersee weiterfährt, sollte sich den 20-minütigen Abstecher zu diesem Naturdenkmal im Vorfeld des Nationalparks Hohe Tauern auf keinen Fall entgehen lassen. Ein gut gesicherter Steig führt in wenigen Minuten zu spektakulären Aussichtskanzeln, von denen die Erosionsformen, wie etwa gewaltige Strudeltöpfe, gut einzusehen sind.

Schößwendklamm
Ausschlaggebend für die Entstehung der Klamm sind die widerstandsfähigen Biotit-, Hornblende- und Grünschiefergesteine, die sich der Wasserkraft mit Erfolg in den Weg stellen. Zahlreiche Wasserfälle und unterschiedliche Erosionsformen hat der Wildbach seit der letzten Eiszeit vor 12.000 Jahren geschaffen. Die hohe Luftfeuchtigkeit, hervorgerufen durch den permanenten Sprühnebel, sorgt für die Entstehung eines typischen Schluchtwaldes.

Auf halbem Weg zum See liegt das **Tauernhaus Spital**, das seit jeher eine wichtige Rolle entlang dieses bedeutenden Saumweges spielte. Besonders im 12. und 13. Jahrhundert nahm der Handel auf dieser Route stark zu. Zum Schutz der Reisenden und aufgrund wirtschaftlicher Überlegungen wurde die Errichtung der Tauernhäuser unterstützt. So entstanden mit Hilfe der geistlichen Fürsten das Matreier Tauernhaus auf der Südseite und die Tauernhäuser Spital und Schößwend auf der Nordseite. In Höhe des Tauernhauses Spital befindet sich das seit einiger Zeit wieder aktivierte **Wolframbergwerk** (Scheelit). Durch den gestiegenen Weltmarktpreis dieses besonders harten Schwermetalls ist der

Abbau im Oberpinzgau wieder lohnend. Die zwischenzeitlich erlaubten Schaubesuche mussten jedoch eingestellt werden. Beim Tauernhaus existieren auch alte Bergbaue, in denen nach Kupferkies und Eisenkies geschürft wurde.
Über flache Almböden und am Bach entlang geht es auf jenen großen Parkplatz vor dem **Hintersee**, wo die Straße endet. Nahe dem Parkplatz gibt eine Infotafel Auskunft über den gut 45-minütigen **Naturlehrpfad**, der sich entlang des Nordufers und dann auf die Anhöhe zieht. Zehn Schautafeln entlang des Weges erklären die Entstehung des Sees, gehen auf Geologie und Fauna der Umgebung ein oder zeigen anhand eines praktischen Beispieles den biologischen Abbau von abgestorbenen Bäumen. Am südlichen Seeufer befindet sich eine ausgedehnte Verlandungszone, die Heimat für viele seltene Pflanzen und Tiere ist.
Faszinierend ist der 80 Meter hohe **Schleierfall** im Talschluss, der sich über eine Steilwand des Geißsteins in eine tief eingeschnittene Felsrinne stürzt. Etwa über jene Stelle, an der sich die beiden Versorgungsgewässer des Hintersees, das Gerinne des Schleierfalles und der Felberbach zusammenfinden, führt der anspruchsvolle Steig Richtung **St.-Pöltner-Hütte** in die Höhe.

Zunächst noch wenig ansteigend über Schroffengelände am Bach entlang, wird der Weg nach einer Richtungsänderung zunehmend steiler. 600 Höhenmeter weiter oberhalb trifft der Steig auf den Hauptweg aus dem Trudental. Nun könnte sich die Rundwanderung über das Nassfeld, jenes Kar, durch das ein Bach mit seinen Seitenarmen mäandriert, wieder schließen. Verschiedene Wollgrasarten finden hier ideale Bedingungen. In dieser Höhe angelangt ist der **Plattachsee** (2215 m) nicht mehr weit und der halbstündige Abstecher zu diesem Gewässer lohnt sich auf jeden Fall. Er ist mit 39 Metern der tiefste und mit seinen Nachbartümpeln vielleicht der eindrucksvollste von drei Karseen, die in einem glazial überformten Hochtrog im weiteren Umkreis der St.-Pöltener-Hütte liegen. Auch eine Übernachtung auf der 2481 Meter hoch gelegenen St.-Pöltener-Hütte wäre eine Überlegung wert. Der Hochgasser, der Tauernkogel oder das Hörndl sind schöne

Schautafeln beim Hintersee.

Berggipfel, alle knapp an der 3000-Meter-Grenze, die dann am nächsten Tag zur Auswahl stünden.

Die Tagesrunde aber kehrt auf dem bereits bekannten Weg zurück, folgt dann an der Abzweigung nicht der vertrauten Richtung Schleierfall, sondern bleibt auf dem alten Saumpfad, der in nördlicher Richtung über Grasheiden zu einer verfallenen Hochalm führt. Der Abstecher in die hochalpinen Regionen des Felbertauern endet mit Serpentinen, die durch das **Trudental** zurück an den Ausgangspunkt, den Parkplatz Hintersee, führen.

Die Alpenanemone wird auch als „Grantiger Jaga" oder „Petersbart" bezeichnet.

28. WILDGERLOSTAL
Durch die Wilde Gerlos

Die Hochgebirgstour im westlichsten Salzburger Tauerntal führt bis auf den Roßkopf (2845 m)

Route: Gasthof Finkau–Leitenkammerklamm–Trissel-Alm –Talschluss–Zittauer-Hütte (Unterer Gerlossee)–Roßkopf (2845 m)–Abstieg wie Anstieg.

Anfahrt: Entweder auf der kurvenreichen alten Gerlos-Bundesstraße (B165) von Wald im Pinzgau oder auf der Gerlos-Mautstraße von Krimml auf den Gerlospaß. Nach der Passhöhe zweigt die Zufahrt ins Wildgerlostal ab und führt entlang des Durlaßboden-Stausees bis zum Gasthaus Finkau am Finkaustausee (gebührenpflichtiger Parkplatz).

Gehzeit: 4 1/2 Stunden im Anstieg (bis zum Roßkopf), Trittsicherheit, Vorsicht bei Schneeresten.

Höhenunterschied: 1430 Meter. Beste Jahreszeit: Juli bis September, wenn die Hütte geöffnet hat.

Karte: f & b WK 121.

Einkehr: Gasthaus Finkau, Zittauer-Hütte, ÖAV (Tel. 06564/82 62) – bewirtschaftet von Mitte Juni bis Ende September.

Leitenkammerklamm: Vor der Trissel-Alm Hinweistafeln, prächtige Kolke und Erosionsformen, Einsicht von einer Aussichtskanzel.

Zu Unrecht steht das **Wildgerlostal** im äußersten Westen unseres Bundeslandes im Schatten der anderen Salzburger Nationalparktäler. Geografisch gehört das kürzeste der Salzburger Tauerntäler bereits zu den Zillertaler Alpen, seine Bäche entwässern ins Tirolische. Das Wildgerlostal – Nachbartal des berühmten Krimmler Achentales – ist ein durch die Gletschertätigkeit geformtes Trogtal. Beherrschende Gipfel am Talschluss sind die Dreitausender der **Reichenspitzgruppe**. Die Wanderung von der Finkau bis in die einsame Hochgebirgslandschaft um den Roßkopf (2845 m) ist eine ausgefüllte Tagestour. Eine Übernachtung in der **Zittauerhütte** (2329 m) könnte eingeplant werden. Die 1901 erbaute Schutzhütte am Unteren Gerlossee, die von der Sektion Krimml des Österreichischen Alpenvereins betrieben wird, wurde zu ihrem 100-Jahr-Jubiläum renoviert und erstrahlt in neuem Glanz.

Vom Gasthaus Finkau führt der Weg mäßig ansteigend taleinwärts durch Fichtenwald. Nach einer halben Stunde Gehzeit lässt sich von einer Aussichtskanzel ein Blick in die tosende **Leitenkammerklamm** werfen. Die Wilde Gerlos ist ein weitgehend unberührter Gebirgsbach, an dem sich Wasseramseln und Gebirgsstelzen beobachten lassen. An der **Trissel-Alm** vorbei geht es auf dem Talweg südlich weiter. Der Bewuchs an den Talflanken geht in einen schönen Zirbenwald über. Bei der Talstation der Materialseilbahn zur Zittauer-Hütte endet der breite Weg und es beginnt ein steilerer Steig, der sich über eine seilgesicherte Felsstufe und danach durch die Moränenlandschaft windet. Eine Schautafel beim „Gletscherblick" neben dem Weg verdeutlicht den Rückgang des Wildgerloskees seit dem Jahr 1920.

Die beim Anstieg bereits von weitem sichtbare Zittauer-Hütte.

Knapp unterhalb des Roßkopfgipfels.

Der Steig quert danach wieder flacher über einen Moränenrücken und erreicht die Zittauerhütte, die auf einer Geländekante neben dem karg umgrünten **Unteren Gerlossee** steht. Von hier führt der Steig nach Osten, schlängelt sich zügig über Blockwerk höher und führt an der Abzweigung zur Rainbachscharte nahe dem **Oberen Gerlossee** (2468 m) vorbei. Hochalpiner Blickfang während des Anstiegs sind die Reichenspitze und das zerklüftete Wildgerloskees. Der gut markierte Steig führt durch die vom Gletschereis geformte Hochgebirgslandschaft weiter bergauf und erreicht kurz vor der **Roßkarscharte** – dem Übergang ins Rainbachtal und zur Richterhütte – die Abzweigung zum Roßkopf. Hier schwenkt der Anstieg nach links und erreicht über grobes Blockwerk in einer halben Stunde den Gipfel. Von seiner höchsten Stelle (2845 m) bietet der **Roßkopf** dem Wanderer eine Prachtaussicht auf die Gipfel der Hohen Tauern. Der Abstieg folgt dem Anstieg.

Kurz vor der Trissel-Alm zeigt die Leitenkammerklamm prächtige Kolke und Erosionsformen, die der Wildgerlosbach in jahrtausendelanger Arbeit aus dem Stein geschürft hat.

DIE KREUZOTTER

Schlangen sind für den Menschen seit jeher unheimliche Lebewesen. In Mythen, Sagen und Märchen werden die Schlangen mit dem Bösen in Verbindung gebracht, in einigen Kulturkreisen mit dem Göttlichen. In unseren Breiten gehörte es früher zum guten Ton, jede Schlange, derer man ansichtig wurde, zu erschlagen. Die oftmals heftige und gnadenlose Verfolgung durch den Menschen und die Zerstörung ihres Lebensraumes haben die Schlangen auf die Liste der höchst bedrohten Tiere unserer heimischen Fauna gebracht. Dabei sind die Schlangen äußerst interessante Lebewesen, die in den verschiedensten Ökosystemen eine bedeutende Rolle spielen.
Unter den heimischen Schlangen ist die **Kreuzotter** *(Vipera berus)* die wohl bekannteste. Die eifrige Mäusejägerin ist bedingt durch die äußeren ökologischen Bedingungen vielfältig in der Färbung, weshalb sie je nach Gebiet Feuer-, Kupfer- oder Höllenotter bis hin zu „Bergstutzen" genannt wird. Sie kommt vom Tiefland bis ins Gebirge (bis in etwa 3.000 Meter Seehöhe!) vor, in Wäldern, Wiesen, Mooren, zwischen Alpenrosen und im Krummholz. Als wechselwarmes Tier bevorzugt es sonnige Stellen, wo es den Körper gut durchwärmen kann. Bei den helleren Formen ist das Zickzackband am Rücken deutlich zu sehen. Die Männchen werden etwa 60, die Weibchen bis 80 cm lang.
Die Kreuzotter hat als wirksame „Waffe" zwei Giftzähne, deren Gift für die Beutetiere tödlich ist. Die Giftwirkung auf Menschen wird zumeist übertrieben. Das Kreuzotterweibchen bringt je nach Alter 4 bis 15 lebendige Junge zur Welt, die schon gleich nach der Geburt ihre eigenen Wege gehen. Im Allgemeinen sind die Kreuzottern scheu und verkriechen sich in schützende Höhlen, sobald sie Erschütterungen durch den Tritt des Menschen wahrnehmen. In einer Winterherberge können sich bis zu 20 und mehr Schlangen zusammengesellen.

29. DAS GROSSE GURPITSCHECK
Zwischen alten Routen

Das 2526 Meter hohe Gurpitscheck ist ein versteckter, einsamer Gipfel, der an der Nahtstelle zwischen Radstädter und Schladminger Tauern steht und dessen langer Rücken den römischen vom slawischen Handelsweg trennt. Die Rundwanderung über diesen Bergrücken durchläuft von Almböden bis zum kurzen Abstecher in die steile Felsregion alle Stationen alpiner Landschaftsformen.

Route: Tweng–Hofbauerhütte–Twenger Almsee–Großes Gurpitscheck–Kleines Gurpitscheck–Hofbauerhütte–Tweng.

Anfahrt: Auf der Radstädter Tauernpaßstraße geht es an etlichen Kopien römischer Meilensteine vorbei nach Tweng (1233 m). Neben der barocken Pfarrkirche befindet sich ein großer Parkplatz. Gegenüber, auf der anderen Straßenseite, steht der Twenger Hof.

Gehzeit: 7 Stunden. Sehr anspruchsvoll.

Höhenunterschied: 1300 Meter.

Karte: f & b WK 202 (Radstädter Tauern).

Einkehr: Twenger Hof und Hotel Post in Tweng.

Nur wenige Wanderer, die meisten davon aus dem Weißpriachtal, verirren sich auf das **Große Gurpitscheck**. Trotz der landschaftlichen Schönheit scheint der nicht ganz einfache Aufstieg von **Tweng** zu den vergessenen Routen zu gehören. Der Blick in die beiden flankierenden Täler, das **Taurachtal**, aus dem die hier vorgestellte Route in die Höhe zieht, und das **Weißpriachtal** rückt die Vergangenheit ins Licht. Die römischen Baumeister errichteten ihre berühmte Passstraße über den Radstädter Tauern, im

Weißpriachtal hingegen sorgte der lawinensichere, slawische Handelsweg für Wohlstand und eine ansehnliche Burg, von der heute – im Gegensatz zu Mauterndorf – nicht mehr viel zu sehen ist. Aus der Höhe, in der Mitte der beiden uralten Übergänge, lassen sich römische und slawische Straßenbaukunst vergleichen.

Die Hofbauerhütte mit dem Großen Gurpitschek.

ALTE WEGE. Römische und slawische Straßenbaukunst im Vergleich

Kopie eines römischen Meilensteins.

Über den Radstädter Tauernpaß führte die mit Abstand wichtigste römerzeitliche Verbindung in das Salzburger Land. Ausschlaggebend für den raschen und teilweise gewagten Ausbau eines schon bestehenden Weges waren militärische Überlegungen. Unter Kaiser Claudius (41 bis 45 n. Chr.), der Norikum als Provinz in das Römische Reich eingliederte, wurde in Rekordzeit jene Trasse angelegt, die durchschnittlich zwei Meter breit war und eine maximale Steigung von 13 % aufwies. Entscheidend bei der Wahl der Route waren weniger Fragen der Sicherheit als vielmehr die Suche nach der kürzesten Wegstrecke, um im Krisenfall möglichst schnell über den Alpenhauptkamm zu gelangen.

Bis zum Zusammenbruch des Römischen Reiches um 476 n. Chr. wurde die von Lawinen zerstörte Verbindung immer wieder aufgebaut. Als sich niemand mehr dafür zuständig erklärte, verfiel sie innerhalb kurzer Zeit. Für die Dauer von 1000 Jahren, zwischen 500 und 1500, war der Übergang nicht befahrbar. Vielleicht ein Grund, warum es hier noch so viele gut erhaltene römische Meilensäulen gibt.

Der Hauptstrom der Händler und Reisenden bewegte sich in dieser Zeit durch das Weißpriachtal. Als weitgehend lawinensicher war dieser Weg vor allem während der slawischen Siedlungsperiode im Lungau (570 bis 800) ein wichtiger Übergang, der stellenweise heute noch gut zu erkennen ist. In der Heimatchronik von Pfarrer Josef Schitter macht dieser auf den Umstand aufmerksam, dass auch die Zugvögel den relativ geradlinigen Verlauf des „windischen" (slawischen) Weges, im Gegensatz zum zweimal rechtwinkelig gebogenen Tauernpaß, bevorzugen.

Neben den Ausblicken gilt das Hauptaugenmerk den vielen naturkundlichen Besonderheiten, die entlang des Weges liegen. Besonders interessant sind die verschiedenen Stufen der Bergwälder: Fichten, Lärchen und die besonders wetterfeste, widerstandsfähige Zirbe.

In der alpinen Stufe der Zentralalpen bilden vorwiegend Moose und Flechten das Pflanzenkleid. Ältere Mooskissen werden wiederum von Alpenpflanzen, wie z. B. vom Rudolphs-Steinbrech *(Saxifraga rudolphiana)* und Flechten besiedelt.

Der versteckte Beginn der langen Runde befindet sich an einem Nebengebäude des Twenger Hofes mit dem Hinweisschild „Gurpitscheck" (Weg 762). An der Nordseite der Volksschule vorbei verläuft der Weg in den Wald. Sanft ansteigend sind nur die ersten Minuten, die folgenden 300 Höhenmeter gehören zu den steilsten der Wanderung. Begleitet wird der rasche Höhengewinn von Einblicken in den **Veitschengraben**, dessen Verlauf die Route auf der östlichen Seite begrenzt. An einer verfallenen Hütte vor-

Blick vom Gurpitscheck nach Süden.

bei wird das Gelände bald lichter und flacher. Alte Lärchen säumen den Weg zur **Hofbauerhütte**, die in 1820 Metern Seehöhe inmitten eines schönen Almbodens steht. Die unbewirtschaftete Hütte mit dem Gurpitscheck im Hintergrund ist ein idealer Platz zum Rasten. Gut zu erkennen ist auch der Routenverlauf für den Abstieg, der von dem sanften Rücken zwischen Großem und Kleinem Gurpitscheck zurück zur Hofbauerhütte führt. Für dieses kurze Stück weglosen Abstieges kann es nicht schaden, sich die Topographie etwas einzuprägen.
Der Aufstieg führt zunächst mit angenehmer Steigung Richtung Norden. Über den **Twenger Almkopf** (2005 m) geht es zu einer Weggabelung und dort rechter Hand zum nahen **Twenger Almsee**. Bis zu dem langen Gebirgsrücken, der an der Nahtstelle zwi-

schen Radstädter und Schladminger Tauern in Nord-Süd-Richtung verläuft, sind es nur wenige Minuten. Während der Übergang an den tiefer gelegenen Schönalmseen vorbei in das **Weißpriachtal** hinabsteigt, dreht sich der Weg auf das **Gurpitscheck** nach Süden und muss noch 300 Höhenmeter auf den felsigen Gipfel bewältigen.

Auch der Abstieg, der sich am Gratverlauf orientiert, ist anfänglich steil und führt dann über einen grasbewachsenen Rücken weiter. Das **Kleine Gurpitscheck** (2378 m) kann leicht als zusätzliches Gipfelerlebnis „mitgenommen" werden, der weglose Abstieg durch übersichtliches Gelände zur deutlich sichtbaren Hofbauerhütte kann aber auch gleich begonnen werden. Von der Hütte folgt der letzte Teil der Runde dem bereits bekannten Aufstieg.

DER BLUTMILCHPILZ ODER MILCHSTÄUBLING *(LYCOGALA EPIDENDRON (L.)* FR.)

Dem aufmerksamen Wanderer fallen in unseren Bergwäldern, die aus Nadelbäumen (Fichte, Tanne, Lärche) aufgebaut sind, auf morschen Baumstrünken und liegendem Totholz gelegentlich blassrote bis tiefrosa gefärbte, blasige Gebilde auf. Schon durch leichten Druck platzen diese Blasen auf und entlassen einen rötlichen, dickflüssigen Saft, die „Blutmilch". Es sind die Fruchtkörper einer Pilzklasse, die als Schleimpilze bezeichnet werden. Der Pilzkörper der Schleimpilze (Plasmodium) entsteht aus vielen verschmolzenen, zellwandlosen Einzelzellen, sodass er die Form ständig verändern kann. Er kriecht bei hoher Luftfeuchtigkeit über das morsche Holz und bildet schließlich die kirschgroßen, leuchtend orangerot gefärbten Fruchtkörper aus. Bei zunehmender Sporenreife ändert sich die Farbe in einen Braunton und der milchige Inhalt wird zu einem bräunlichen Pulver, das aus mehreren Milliarden Sporen besteht.

30. NATURPARK RIEDINGTAL
Von grauen Eminenzen

Das mächtige Mosermandl ist die graue Eminenz des Riedingtales, der Wandergenuss führt aber in die andere Richtung.

Route: Riedingtal–Franz-Fischer-Hütte–Weißgrubenscharte–Haselloch–(Glingspitze)–Königalm.

Anfahrt: Über die Tauernautobahn, Abfahrt Zederhaus, Richtung Talschluss in das Riedingtal. Auf der privaten Mautstraße 7 Kilometer in das Riedingtal, bis ein kleiner Parkplatz (1500 m) mit der angeschriebenen „Fischer-Hütte" auftaucht. Bus: 3302 (Schliereralm).

Gehzeit: 5–6 Stunden. Bis auf einen kleinen, nicht unbedingt nötigen Kletterausflug in das Felsgelände unkomplizierte, aber doch lange Wanderung.

Höhenunterschied: 900–1200 Meter (Glingspitze).

Karte: f & b WK 202.

Einkehr: Franz-Fischer-Hütte, Königalm.

Das **Mosermandl** hat einen nicht weniger imposanten Nachbarn, den Faulkogel, dessen Name schon Auskunft darüber gibt, was auf den Bergsteiger zukommt: Loses (= faules) Gestein sind ein Problem, das auch das Mosermandl betrifft. Für das Auge und die Füße wohltuender ist jener Verbindungsweg, der von der **Franz-Fischer-Hütte** an einem Dutzend kleiner Lacken vorbei Richtung **Tappenkarsee** verläuft. Schließlich gibt es auch auf dieser Route die Möglichkeit zu einem kurzen Abstecher auf eine steile Felsnadel, den 2369 Meter hohen Weißgrubenkopf, bevor es über Almböden zurück ins hintere Riedingtal geht.

Das Riedingtal, Naturpark seit 2002, mit weitgehend intakter Natur- und Kulturlandschaft.

Der Weg aus dem Riedingtal zur **Franz-Fischer-Hütte** ist gut angeschrieben und dauert eine gemütliche Stunde. Wenn die AV-Hütte mit dem imposanten Mosermandl im Hintergrund und dem Zaunersee im Vordergrund auftaucht, eröffnet sich eine Postkartenidylle. Fällt die Wahl auf die Mosermandlrunde, sind dafür 3 Stunden zu bemessen, die Genussrunde aber verläuft kurz vor der Hütte über den Weg 702 (Tappenkarseehütte) nach links. Eine der zahlreichen Lacken, die nun folgen, ist der **Ilgsee**, der auf halbem Weg zur Weißgrubenscharte liegt und einen etwas oberhalb liegenden Karsee als Nachbarn hat. Hier finden auch die unzähligen Murmeltiere ideale Bedingungen zum Leben. Obwohl manche ihrer Höhleneingänge mitten am Weg liegen, sind diese putzigen Alpenbewohner sehr scheu. Zumindest in der Vergangenheit hatten sie auch allen Grund dazu, war das kostbare „Mankeifett" doch ein begehrtes Allheilmittel.

Auf diesem unmerklich ansteigenden Höhenweg tauchen zwischen den sanften Hügeln immer wieder kleine Hochflächen auf, entweder als kleine Seen oder bereits verlandet mit der unverkennbaren Nasswiesenflora, zu deren auffälligsten Vertretern das Wollgras gehört.

Bei einer Weggabelung führt die Route Richtung „Haselloch" geradeaus weiter, während die Variante „Weißgrubenkopf" eine Kurzfassung jenes felsigen Terrains anbietet, zu dem auch das **Mosermandl** gehört. Auf diese gut einhundert Meter höher gelegene Felsnadel ist ein gut befestigter, markierter Steig angelegt, der allerdings Trittsicherheit und Schwindelfreiheit voraussetzt. Wieder auf der **Weißgrubenscharte** (2257 m) angelangt, führt der bisherige Weg 702 zur Tappenkarseehütte abwärts, während die Route dem Gratverlauf Richtung Süden über das 2366 Meter hohe Schiereck folgt. Die steile Flanke kurz vor dem nächsten Übergang, dem **Haselloch**, lässt sich leicht umgehen, indem man auf den links unterhalb laufenden Weg ausweicht. Das Haselloch (2135 m) kann bereits der Wendepunkt dieser Rundwanderung sein.
Wer noch über Kraftreserven verfügt, der könnte den eineinhalbstündigen Abstecher auf die **Glingspitze** (2433 m) ins Auge fassen, der Rückweg ins Tal führt auf jeden Fall zur bewirtschafteten **Königalm**. Sie steht am Ende der Mautstraße in das Riedingtal und liegt an der Strecke des Lungauer Tälerbuses. Neben der Rückfahrt mit dem Tälerbus bleibt als Alternative noch der ein-

Glück hat, wer solche Wege findet.

ständige Gehweg, der nur ein kurzes Stück der Mautstraße folgt, dann aber auf dem Weg 23 am Riedingbach entlang bis zur Hoislalm führt. Kurz nach der Alm liegt links oberhalb der Ausgangspunkt der Wanderung.

DER BERGMOLCH

Die Vertreter der Klasse der Lurche gehören weltweit zu den am meisten gefährdeten Tieren. Ihre amphibische Lebensweise macht sie sehr empfindlich gegenüber menschlichen Veränderungen und Beeinträchtigungen der Umwelt. Denn ihre Jugendzeit verbringen sie als Kaulquappen kiemenatmend im Wasser, als Erwachsene wechseln sie lungen- und hautatmend auf das Land. Tümpel und Teiche, die sie für ihre Entwicklung benötigen, sind in unseren Breiten selten geworden.

Der **Bergmolch** *(Triturus alpestris)* gehört zu den Schwanzlurchen, die durch einen gestreckten Körper mit einem seitlich zusammengedrückten Schwanz und zwei Beinpaaren ausgezeichnet sind. Der Kopf ist abgeplattet. Die Haut ist im Allgemeinen glatt. Leicht erkennbar ist der Bergmolch an der dunklen Oberseite und dem einfarbig orangegelben bis roten Bauch. Die Weibchen des Bergmolchs erreichen eine Körperlänge bis 12 cm, die Männchen sind kleiner.

Der Bergmolch lebt fast immer im bzw. in der Nähe von Wasser. Er bevorzugt als Lebensraum kalte, pflanzenlose Waldtümpel, Teiche, Seen und langsam fließende Bergbäche. An Land ist er ausschließlich an sehr kühlen, feuchten Stellen anzutreffen. In unserem Bereich kann er bis in eine Höhe von 2.500 Metern vorkommen.

31. DER PREBER
Ein Lungauer Grenzberg

Der Preber ist ein grenzüberschreitender Berg zwischen Salzburg und der Steiermark, der zu jeder Jahreszeit seine Stärken hat. Allerdings hat die viel besuchte Pyramide auch lange Wegstrecken, die jedoch durch die besonders interessante Botanik überbrückt werden. Auch kürzere Spaziergänge in der Umgebung des Prebersees sind sehr lohnend.

Route: Prebersee–Preberhalterhütte–Roßscharte–Preber–Grazer-Hütte–Prebersee.

Anfahrt: Von Tamsweg, dem Hauptort des Lungaus, führt eine 7 Kilometer lange Bergstraße an den Prebersee. Ebenso fährt der Tälerbus den Prebersee und auch die Grazer Hütte an.

Gehzeit: 6 Stunden. Orientierungsmäßig einfache, aber lange Wanderung. Kurze, familienfreundliche Alternativen rund um den Ausgangspunkt.

Höhenunterschied: 1200 Meter.

Karte: f & b WK 202.

Einkehr: Ludlalm, Preberhalterhütte, Grazer-Hütte.

Der **Preber** ist mit seinen 2740 Metern Seehöhe zwar nicht der höchste Berg der Niederen Tauern, aber einer der bekanntesten. Seinen Bekanntheitsgrad verdankt er auch dem ausgezeichneten Ruf als Skitourenberg. Bei idealen Firnbedingungen wird dieser Lungauer Grenzberg regelrecht überrannt, was angesichts seiner Südhänge kaum verwundert. Wem in der schneelosen Zeit die 1200 Höhenmeter Anstieg auf den Preber zuviel sind, findet in der Umgebung schöne Spaziergänge unterschiedlicher Länge. Um den **Prebersee** führt eine kleine Runde zu einigen botanischen Raritäten.

Der **Dürrenecksee**, eine gute Gehstunde in südöstlicher Richtung vom Prebersee entfernt, liegt inmitten eines Moores, das zu den interessantesten der Ostalpen gerechnet wird. Die Kleine Teichrose kommt nur am Dürrenecksee in 1700 Metern vor und ist, wie die Zwergbirke, ein Relikt der Eiszeit.
Der Weg zu diesem Moorsee, der von einem ausgedehnten Schwingrasen umgeben wird, führt kaum markiert an der Wirtshütte im südlichen Preberseebereich vorbei und orientiert sich am Bachverlauf. Bald trifft der Waldweg auf eine breitere Forststraße, die rechts zur malerischen **Wengerhütte** führt. Nun geht es weglos über das **Wengerköpfl** (1797 m), dahinter liegt der kleine, vier Meter tiefe See. Diese Wanderung zu einer der großen botanischen Kostbarkeiten des Landes wird auch als geführte Tour angeboten, was angesichts der versteckten Raritäten Sinn macht. Informationen gibt der Fremdenverkehrsverband Tamsweg.

Auch die Wanderung zu den **Almen am Fuß des Prebers** ist eine Alternative, die wegen der Lärchen besonders im farbenprächtigen Herbst reizvoll ist. Schließlich könnte in die Planung der Tour auch der Lungauer Tälerbus einbezogen werden, der neben anderen Zielen auch die 1896 Meter hoch gelegene Grazer-Hütte ansteuert. Die Zeitersparnis von diesem Ausgangspunkt beläuft sich auf 400 Höhenmeter oder zwei Stunden.

Der schönste Anstieg auf den Preber nimmt am 1514 Meter hoch gelegenen Prebersee seinen Ausgang. Der erste Teil folgt kurz dem Almweg, dann zweigt die Abkürzung rechts in den Hochwald ab. In angenehmer Steigung geht es zur **Preberhalterhütte** (1862 m).
Der gut einstündige Weg zur **Grazer-Hütte** zweigt nach 10 Minuten ab und verläuft relativ eben über den weiten Speikboden. In früheren Zeiten war Speik ein beliebtes Handelsobjekt aus dem Lungau, das getrocknet und in Fässern verpackt die Reise bis in den Orient antrat. Hier heroben fanden sich besonders viele der begehrten Baldrianwurzen.

Der Preber ist zu jeder Jahreszeit ein beliebtes Ziel.

Die lange Reise auf den Preber aber folgt dem Weg über den **Roß-boden**. Nach 700 Höhenmetern in der **Roßscharte** angelangt, deuten die felsigen Verhältnisse den nahen Gipfel an. Auch dieser letzte Abschnitt zieht sich noch in die Länge, aber nach drei Stunden ist der Gipfel erreicht. An der Nahtstelle zwischen den sanften Nocken im Süden und den Felsspitzen im Norden gibt es genug zu sehen.

Auf der Suche nach einer Abstiegsalternative folgt der Rückweg nur kurz, bis zur Roßscharte, dem bereits bekannten Weg, dann gibt die Route 787 zur Grazer-Hütte die weitere Richtung vor. Als Grenzgänger zwischen Salzburg und Steiermark unterwegs, der Weg entspricht etwa der Bundeslandgrenze, ist die **Grazer-Hütte** in zwei Stunden erreicht. Schon etwas vorher zweigt der Weg 787 nach rechts ab und führt durch den Lärchen- und Fichtenwald auf die schmale Verbindungsstraße hinunter. Auf dieser schmalen Straße, die nach Krakauebene weiterführt, geht es in einer halben Stunde in westlicher Richtung an den Prebersee zurück.

ALPEN-MANNSCHILD

So unwirtlich für uns Menschen die Lebensbedingungen im Hochgebirge auch sind, so verwunderlicher ist die Blütenpracht, der wir im extremen Lebensraum der alpin-nivalen Stufe begegnen können. Ausgehend von unserem Wahrnehmungsvermögen entgeht uns ganz, dass der bodennahe Lebensbereich gar nicht so lebensfeindlich ist. Zwar sind bei nebeliger, niederschlagsreicher Witterung die Einstrahlung der Sonne und damit auch die Temperatur sehr gering, aber bei sonniger Witterung können sich Gesteins- und Bodenoberflächen und die unmittelbar daran anschließenden Luftschichten stark erwärmen.

Diese Gunst des Mikroklimas in der bodennahen Luftschicht nützen die Pflanzen aus, indem sie niedrigwüchsige Polster, die dicht am Untergrund aufliegen, ausbilden. Dieser Polsterwuchs des Pflanzenkörpers vermindert auch die Wasserabgabe. Er entsteht durch ein gleichmäßiges Wachstum und durch eine regelmäßige Verzweigung der Sprosse. Trotzdem müssen die Hochgebirgspflanzen gegen Frost und Kälte widerstandsfähig sein, denn auch in der kurzen Vegetationszeit kann Frost auftreten. In der Blühphase sind diese Polster fast vollständig von Blüten bedeckt, wie das Beispiel des Alpen-Mannschildes *(Androsace alpina)* zeigt.

Der **Alpen-Mannsschild** bevorzugt als Wuchsort feuchte, kalkarme und lange schneebedeckte Böden über ruhendem Schutt in bis über 4000 Meter Höhe. Der Preber ist gerade hoch genug (2.742 m), um dieser Pflanze eine Lebensmöglichkeit zu bieten.

32. GROSSER KÖNIGSTUHL

König im Dreiländereck

Der Große Königstuhl ist die beherrschende Berggestalt am Talschluss des Lungauer Rosanintales und zugleich der südlichste Gipfel unseres Bundeslandes.

Route: Dr.-Mehrl-Hütte–Stubennock–Sauereggnock–Vogelsang–Seenock–Friesenhalshöhe–Königstuhlscharte –Großer Königstuhl–Königstuhlscharte–Rosanintal–Dr.-Mehrl-Hütte.

Anfahrt: Von St. Margarethen im Lungau über Pichlern die Straße durch das Bundschuhtal (Hochofen, Museum) weiter ins Schönfeld bis zur Dr.-Mehrl-Hütte des ÖAV (1730 m).

Gehzeit: 5 Stunden – Bergwanderausrüstung.

Höhenunterschied: 800 Meter (mit Gegenanstiegen).

Karte: f & b WK 221 und 202.

Einkehr/Übernachtung: Dr.-Mehrl-Hütte, Tel. 04736/320.

Hochofenmuseum Bundschuh: Liegt an der Straße ins Schönfeld und zur Mehrlhütte. Mit Röstofen, Kohlbarren, Gebläsehaus, Hochofen sowie einem Gewerken- und Personalhaus ist es ein weitgehend vollständiges Industrieensemble. Im Sommer täglich außer Montag von 10 bis 16 Uhr geöffnet, ab Anfang September Besichtigung nur am Mittwoch und Sonntag. Auskunft: Gemeindeamt Thomatal, Tel. 06476/250.

Im Volksmund werden sie „Nocken" genannt, jene sanften, grünen Erhebungen im äußersten Salzburger Süden, im Grenzland zu Kärnten. Das **Nockgebiet** mit seinen Rundungen, die alle knapp über die Zweitausendermarke reichen, ist eine sanfte Spielwiese für Genießer, auch wenn die Etappen mitunter Ausdauer erfordern. Eine Ausnahme ist der **Große Königstuhl** (2336 m), dessen Nordseite sich vom inneren Rosanintal mit einem stolzen Gipfelaufbau zeigt. Dennoch ist der Aufstieg vom Schönfeld aus wunderschön. Die sanften Höhenrücken und das trogförmige **Rosanintal** mit seinen Bachmäandern bilden eine prächtige Kulisse. Obwohl der Gipfel als Dreiländerberg gilt – hier treffen die Grenzen von Salzburg, Kärnten und der Steiermark zusammen –, ist die Anzahl der Wanderer, die sich von der Salzburger Seite im Schönfeld auf den Weg über die Nocken aufmachen, eher gering. Schon größer ist die Zahl derer, die von der Nockalmstraße – von der Kärntner Seite – herüberwandern.

Schon nach den ersten Schritten von der **Dr.-Mehrl-Hütte** entfernt macht eine Schautafel auf den einstigen Eisenerzabbau an der Nordflanke des Stubennock aufmerksam. Der mit Schautafeln ausgestattete Montanlehrpfad begleitet anfänglich den Anstieg zum Königstuhl.

Die westlichen Gurktaler Alpen gehören zum almreichen Nockgebiet, deren Gipfel bis über 2400 Meter aufsteigen wie der Eisenhut (2441 m), Große Königstuhl (2336 m) und Große Rosennock (2440 m). In die Erhebungen haben sich Kare einge-

Sanfte grüne Kuppen prägen des Nockgebiet.

Auf dem Weg vom Seenock zur Königstuhl-Scharte.

tieft, größere Felsbildungen sind aber selten. Stärkere Felsentwicklung zeigen hingegen die Gesteine der Stangalmtrias, die allein schon durch ihre helleren Farben deutlich auffallen und die Landschaft beleben. Gegen Norden nehmen die Höhen allmählich ab (Prankenhöhe 2166 m; Frauenalm 1997 m; Stolzalpe 1817 m). Am Stangnock und etwa 250 m westlich des Königsstuhl-Gipfels findet man fossile Abdrücke von Farnwedeln und eine urtümliche Konifere der Gattung *Cordaites.*

Erreichbar ist der abgeschiedene Landstrich im Salzburger Lungau über das **Bundschuhtal** und das anschließende **Schönfeld**. Die Dr.-Mehrl-Hütte des Österreichischen Alpenvereins ist ein idealer Ausgangspunkt und bietet sich auch für eine Übernachtung an. Nur einen Steinwurf entfernt von der Straße nach Innerkrems zweigt links bei einem Gatter der Weg ins **Rosanintal** ab. Bereits nach dem letzten Haus schwenkt der Anstieg nach rechts (Weg 125 und Knappenlehrweg, grün-schwarz markiert) und führt durch eine mit urigen Lärchen und Fichten bestandene lichte Waldflanke zu den Resten des historischen Bergbaus. Das hier abgebaute Eisenerz wurde im Hochofen in Bundschuh geschmolzen und in Mauterndorf weiterverarbeitet.

Der rot-weiß markierte Weg (125) leitet nun in waldfreies Gelände und nach einem kurzen Steilstück auf den grasigen Buckel des **Stubennock** (2092 m) hinauf. Was in südlicher Richtung anschließt, ist eine genussreiche Kammwanderung entlang der Weidegrenze mit kurzen Abstiegen und Gegenanstiegen über den Sauereggnock (2240 m), den Vogelsang (2207 m), den Seenock (2260 m) und die Friesenhalshöhe (2246 m) bis in die **Königstuhlscharte**. Hier trifft der Weg auf den Anstieg, der vom Rosanintal heraufführt. In einer knappen halben Stunde geht es in Kehren zum Gipfelkreuz am **Großen Königstuhl** (2336 m).
Der Abstieg führt von der vorher erwähnten Königstuhlscharte (Weg 126) anfänglich etwas steiler zum Plateau des verlandenden Rosaninsees hinab und über die grüne Hangschulter weiter an verstreuten Felsblöcken und windzerzausten Zirben vorbei ins **Alm- und Naturschutzgebiet Rosanin**. Über die Eßlalm leitet der breite Almweg zum Ausgangspunkt bei der Mehrl-Hütte zurück.

Die Bachmäander des Kremsbaches bilden eine Besonderheit, die durch die eiszeitliche Gletschertätigkeit entstanden ist.

33. ROTGÜLDEN

Arsen und Spitzenflora

Einst stand im Murtal die ergiebigste Arsenhütte der Monarchie, heute ist das stille Tal eine Fundgrube für Botaniker, Geologen und Genusswanderer.

Route 1: Steppenhang oberhalb von Muhr.

Route 2: Muritzenalm–Karwassersee–Muritzenalm.

Route 3: : Muritzenalm–Schrovinscharte–Unterer Rotgüldensee–Rotgülden.

Anfahrt: Über die Tauernautobahn, Abfahrt St. Michael, durch das Murtal in den Ort Muhr. Sechs Kilometer weiter taleinwärts liegt der 1530 Meter hoch gelegene Parkplatz Rotgülden. Dort mit dem Tälerbus oder einem Taxi weiter bis zur Muritzenalm (1591 m).

Gehzeit: 1,5 Stunden (Route 1), familientauglich, stellenweise etwas ausgesetzter Wegverlauf.
3,5 Stunden (Route 2), familientauglich.
4,5 Stunden (Route 3), anspruchsvoll.

Höhenunterschied: 150 Meter (Route 1); 300 Meter (Route 2); 500 Meter (Route 3).

Karte: f & b WK 202.

Einkehr: Gaststätten in Muhr. Muritzenalm. Rotgüldenseehütte.

Das oberste **Murtal** wird hauptsächlich von zwei alpinen Einheiten umschlossen: Im Süden von der gerade über 3000 Meter hohen **Hafnergruppe**, die zum Tauernfenster gehört, und nördlich davon vom **Weißeckgebiet**, das zur Radstädter Decke gezählt wird. Zwischen diesen Berggestalten erstreckt sich das Tal beinahe in Ost-West-Ausrichtung, in den Wintermonaten Dezember und Jänner fällt deshalb kein Sonnenstrahl auf den Talboden.

Auch der einstige Arsenbergbau lockte wenig der Sommerfrischler, die allmählich das sonnige Lungauer Becken zu erobern begannen, in das Tal. In **Rotgülden** befand sich immerhin der größte Arsenbergbau der österreichisch-ungarischen Monarchie.

Rotgülden war einer der ältesten und am längsten in Betrieb befindlichen **Bergbaue des Lungaus**.
Die **Arsenvererzung** ist an die Marmore der Silbereckserie gebunden. Es sind vorwiegend Arsenkies, Magnetkies, und Pyrit, welche stock- und gangförmig vorliegen. Die Lagerstätte wurde seit dem Jahr 1329 bis nach dem Ersten Weltkrieg abgebaut. Bis 1884 wurde Lungauer Arsenik in die ganze Welt exportiert. In der Endphase des Arsenbergbaus wurde die Hütte nur noch von Oktober bis April betrieben, die Pflanzenschäden hatten bereits erschreckende Ausmaße angenommen.
Der tiefste Bereich des Berggeländes ist heute „ersoffen". Aus dem Arsenkies wurde Arsenik (Hüttenrauch) hergestellt.
Das Tal war nicht nur für den Arsenabbau bekannt, in **Schellgaden** wurde seit dem Mittelalter erfolgreich nach **Gold** geschürft. In der Frühzeit des Bergbaus wurden in höheren Teufen nicht unbeträchtliche Mengen an Gold gewonnen. Immerhin 37 Gramm pro Tonne betrug die Ausbeute aus dem ergiebigsten Erzlager. Auch an Mineralien ist das Tal reich: Bergkristall, Rutil, Feldspat, Pyrit und Scheelit sind nur eine Auswahl der Bodenschätze. Pyrit, Wismutglanz, gediegen (= nicht in ein Mineral eingeschlossenes) Wismut, Freigold, Dolomit, Kalzit, Bergkristall und Fluoritkristalle können heute noch gefunden werden. Die oberirdischen Schätze, die reiche Alpinflora, ist in dieser Häufung kaum sonst wo zu finden.

Im Hauptort des Tales, in Muhr, liegt eine botanische Rarität ersten Ranges direkt an der Strecke: Es ist der **Steppenhang oberhalb von Muhr**, eine der schönsten Felsensteppen im Land Salzburg. Gute eineinhalb Stunden dauert der gut beschilderte Rundgang zu den Relikten der nacheiszeitlichen Wärmezeit (mit den submediterranen und euroasiatisch-kontinentalen Steppenpflanzen).

Typischer Lungauer Troadkasten in Muhr.

Extratour Steppenhang bei Muhr

Der grün markierte **Steppenrundweg** Nr. 2 beginnt, sehr gut angeschrieben, rechts unterhalb des Feuerwehrhauses im Ort Muhr. Zunächst geht es über den steilen Güterweg Laas zum Rotschopfbauern. Beinahe am Ende der Zufahrt zweigt der Weg nach links ab, folgt kurz dem Zaunverlauf und führt als schmaler Steig unterhalb der Felstreppe zum Pfeifenberger-Erbhof. Über die Hofzufahrt führt die kleine Runde ins Tal zurück. Wer noch auf der Sonnseite bleiben will, für den bieten die Wege 1 und 8, die bald nach dem Pfeifenbergergut nach rechts abzweigen, sechs Kilometer lange Alternativen. Diese große Runde führt über die Höfe Jedl, Brunner und Reit an den Ausgangspunkt zurück.

STEPPENHANG BEI MUHR

Felsbänder, Trockenrasen und einzelne Gebüschgruppen prägen diese Felsensteppe. Als Pflanzen dominiert der Sebenstrauch. Weiters finden sich Felsenbirne, Alpenribisel, Gelbe Hauswurz, Steifer Lauch und Glockenlauch. Hervorzuheben sind die rot blühenden Feuerlilien, die Steinnelken und das Gelbe Labkraut sowie die riesigen Haselsträucher.

Sechs Kilometer weiter taleinwärts liegen Rotgülden und die alte Arsenhütte. Im Idealfall wartet hier ein Taxi oder der Lungauer Tälerbus, der die Wanderer durch den drei Kilometer langen Schmalzgraben bis vor die **Muritzenalm** bringt. Der einstündige Weg zur 1591 Meter hoch gelegenen Muritzenalm ist auch zu Fuß möglich. Die eingesparte Zeit könnte aber gewinnbringend in einen Abstecher zum südlich der Muritzenalm gelegenen Karwassersee investiert werden.

Die Blätter der Alpen-Kratzdistel *(Cirsium spinosissimum)* laufen in wehrhafte Dornen aus. Kein Wunder, dass sie vom Vieh gemieden werden, weshalb sie gerade auf Almen häufiger anzutreffen sind.

Extratour Karwassersee

Von der schön gelegenen Alm führt der Weg an einem Jagdhaus vorbei und am Muritzenbach entlang taleinwärts. Vorerst durch dichten Wald gelangt der Pfad in die Latschenzone und trifft nach eineinhalb Stunden Gehzeit auf das sumpfige Seeufer in 1897 Meter Höhe. Umrahmt von alten Lärchen und Zirben breitet sich der **Karwassersee** vor den knapp 3000 Meter hohen Gipfeln der Hafnergruppe, Kaltwand- und Kölnbreinspitze im Talschluss des Muritzentales aus. Der nährstoffarme Moorsee ist 500 Meter lang und bis zu sechs Meter tief. An seiner Südwestseite weist er einen ausgedehnten Verlandungsbereich auf. Nach einer Seeumrundung geht es auf dem bereits bekannten Aufstieg wieder zurück zur Muritzenalm.

Wegverlauf Schrovinschartl

Von der Muritzenalm geht es zunächst auf einem breiten Forstweg, der Wegnummerierung 540 folgend, aufwärts. Der Weg wird schmaler und ab 1800 Metern Höhe lichtet sich der Wald.

Allmählich steigt der Weg über die Baumgrenze, nur vereinzelte Zirben finden sich noch in dieser Höhe. In einem weiten Bogen führt der Weg 540 über den Schrovingraben auf den höchsten Punkt der Wanderung, das 2039 Meter hohe **Schrovinschartl**. Hier treffen kalkhaltige und silikatische Gesteine aufeinander, eine besonders artenreiche Flora ist die Folge. Aber auch die Wegcharakteristik ändert sich: Zum Teil sehr ausgesetzt und mit Drahtseilen versehen quert der Weg steile Wiesen und Rinnen. Der Ausblick bietet neue Perspektiven, nun gibt der südlich gelegene **Hafner** (3076 m) den Ton an. Allmählich taucht das nächste Ziel, der **Untere Rotgüldensee**, auf, zu dem es in vielen Serpentinen abwärts geht.
Schon seit einem Jahrhundert steht nicht mehr der Bergbau im Vordergrund, sondern statt Arsen und Gold gehört nun die gewaltige Wasserkraft zu den Schätzen des Tales. Über zwei Hangstufen von 100, bzw. 200 Metern stürzt das Wasser aus den Rotgüldensee in die Tiefe und betreibt das unterhalb gelegene Kraft-

Im Ursprungsgebiet der Mur.

werk. An der **Rotgüldenseehütte** (1739 Meter) vorbei beginnt ein Lehrpfad, der zum Abschluss der Wanderung mit Hilfe von zehn Schautafeln die äußerst spannende Geschichte und Naturwelt des Rotgüldentales vermittelt. Nach einer weiteren knappen Gehstunde endet die abwechslungsreiche Tour am Ausgangspunkt, dem Parkplatz Rotgülden.

Literaturliste

Goldberger, Josef: *Salzburger Wanderungen 1,* Tyrolia-Verlag, 1979.

Heugl, Christian und Wolfgang Tonis: *Wandertipps in den Salzburger Nachrichten/ Salzburg Life,* 1995 – 2002.

Hutter, Clemens: *Arnoweg – Der Salzburger Rundwanderweg.* Bergverlag Rother, 1999.

Steiner, Gertraud: *Kulturwandern in Salzburg,* Verlag Anton Pustet, 2001.

Stüber, Eberhard und Norbert Winding: *Erlebnis Nationalpark Hohe Tauern, Naturführer Band 1,* Salzburg. Verlagsanstalt Tyrolia, 1990.

Stüber, Eberhard: *Salzburger Naturführer.* MM Verlag, Salzburg 1967.

Thuswaldner, Werner und Gerhard Blum: *Naturdenkmäler im Land Salzburg.* Verlag Alfred Winter, Salzburg 1980.

Vierthaler, Franz Michael: *Meine Wanderungen durch Salzburg.* Berchtesgaden und Österreich, 1816.

Watteck, Arno und Robert Wintersteiger: *Museen im Land Salzburg.* SBW, Salzburg 1995.

Register

B. Baumgartner / Werner Tippelt
Wandererlebnis Ötscher
Mit Natur- & Schitourenführer

176 Seiten mit ca. 50 Farbfotos und 4 Karten, geb.
ISBN 3 85326 100 0

Helmfried Knoll
Wandererlebnis Fischbacher Alpen
Mit Semmering – Roseggers Waldheimat – Hochlantsch

192 Seiten, 34 Farbfotos, je 23 Kartenskizzen und Höhenprofilen, geb.
ISBN 3 85326 067 5

Bernhard Baumgartner
Wanderparadies Voralpen
Zwischen Mostviertel und Mariazeller Bergland

152 Seiten, 27 Farbfotos, je 18 Kartenskizzen und Höhenprofile, geb.
ISBN 3 85326 047 0

Hans Hödl
Wandererlebnis Wiener Hausberge
Gutensteiner Alpen, Schneeberg, Rax, Schneealpe, Semmering

176 Seiten mit ca. 60 Farbfotos und 30 Karten, geb.
ISBN 3 85326 109 4

Waltraud Steinlechner
Pferdeeisenbahn-Wanderweg
Von Bujanov nach Linz

88 Seiten, beigelegte Karte, 40 Farbbildern und 11 Kartenskizzen, brosch.
ISBN 3 85326 161 2

Moststraße
So schmeckt das Leben

132 Seiten, 50 Farbabbildungen, 20 Karten, brosch.
ISBN 3 85326 186 8